JN040052

探究的な学びを実現する

「生活・総合」の新しい授業づくり

國學院大學教授
元文部科学省視学官
文部科学省教科調査官
田村 学・齋藤 博伸／監修

日本生活科・総合的学習教育学会
第32回全国大会・神奈川大会実行委員会／編著

小学館

CONTENTS

社会で求められる「探究」の中心を担う、生活科と総合的な学習の時間

注目度の高まる「探究」

　メディアの報道や教育雑誌等の特集において、「探究」の2文字が紙面を賑わわせている。これからの教育は、いかに「探究モード」に変革していくかが重要である。

　そもそもこの「探究」が教育課程の基準である学習指導要領に位置付けられたのは、前回改訂に遡る。平成20年（2008年）の学習指導要領改訂の際、「各教科における習得や活用と総合的な学習の時間における探究」と答申に示されたことを受け、総合的な学習の時間の目標に「探究的な学習」の文言が位置付けられた。そのうえで、総合的な学習の時間の解説において「問題解決が発展的に繰り返されること」「物事の本質を探って見極めること」と探究的な学習について説明がなされた。また、平成元年（1989年）の学習指導要領において誕生し、現在も低学年教育の中核を担っている生活科では、子供が思いや願いを実現する学習活動を行うことを中心とし、活動や体験を通して学ぶこと、子供の気付きを大切にすることが大事にされ、低学年教育における「探究」を担っている。

コロナ禍で明らかになった「探究」の価値

　新型コロナウイルス感染症に対応する中で明らかになってきたことは、未知の状況において、自らの知識を活用・発揮しながら、柔

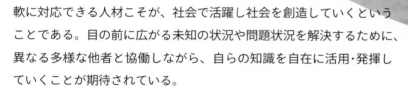

國學院大學教授
元文部科学省視学官

田村 学

軟に対応できる人材こそが、社会で活躍し社会を創造していくということである。目の前に広がる未知の状況や問題状況を解決するために、異なる多様な他者と協働しながら、自らの知識を自在に活用・発揮していくことが期待されている。

　これからの社会で求められる学びは、まさに「探究」である。学びを「探究モード」に変革していかなければならない。身近な社会の問題の解決に向けて、自ら学び、自ら考え、主体的に判断し、行動する力が求められている。そして、そこでは、絶対の正解よりも、納得解や最適解が求められている。そうした学習の繰り返しの中でこそ、未来社会を創造する主体が育っていくのではないだろうか。

　そのためにも、自ら設定した課題に対して、自ら学び共に学び、その成果を自らとつなげる総合的な学習の時間における「探究」が重要となろう。あるいは、自らの思いや願いの実現に向けた学習活動を展開する、低学年の生活科における「探究」が欠かせない。

「令和の日本型学校教育の構築」における「探究」

　令和３年（2021年）１月26日、中央教育審議会は、「『令和の日本型学校教育』の構築を目指して～全ての子供たちの可能性を引き出す、個別最適な学びと、協働的な学びの実現～（答申）」を出した。そこでは、「個別最適な学びと協働的な学び」といった新しい言葉が示された。新型コロナウイルスの感染が拡大する中、オンラインを使った

　学びが求められ、加速度的に広がってきたように、学校教育を取り巻く状況が劇的に変化し始めていることを認識しなければならない。Society5.0時代と言われていた社会は一気に目の前に現れてきている。過去における学校教育のよさを踏まえながらも、大きな変化は待ったなしで進めていかなければならない状況にある。

　「個別最適な学び」は、一人一人の子供が知識・技能を習得して確かな資質・能力を身に付けていくことを期待している。また、それぞれの子供に応じた課題を本気で真剣に解決に向かって取り組む「探究」によって、実際の社会で活用できる資質・能力が育成されていくことも期待している。今回の学習指導要領改訂の基本理念とも言える「学習する子供の視点に立つ」とする考えを、さらに確実に一人一人に実現していこうとする方向性であり、「学習の個性化」として「探究」の重要性をも明言していると考えることができる。

　この「探究」については、文部科学省のみならず、経済産業省の「未来の教室」プロジェクトの中でも注目されている。それは、「学びの探究化、STEAM化」として、これからの学校教育のみならず、経済界が期待する人材育成、それを取り巻く社会システムの変革、官民一体となった社会教育資源の提供、社会全体の学びの有り様などへと話題が広がり議論されている。加えて言えば、一人一人の子供が主体的に判断し行動しながら、身の回りの問題状況の解決に向けて学び続ける「探究」では、SDGsに掲げられた17のゴールとも深く関わることとなり、自治体や企業が大きく関心を寄せるものと

もなっている。議論のステージが、中央教育審議会を飛び越して、産業構造審議会や内閣府などで展開されていることにも注目すべきであろう。誰もが生涯にわたって探究し続ける「生涯探究社会」に向かっていることを押さえておく必要があろう。

「探究」への期待と展望

　教育課程上、「探究」を中心的に担う総合的な学習の時間や生活科のさらなる期待と展望としては、これまで以上に教育課程の中核となることをイメージする必要があろう。教育目標をダイレクトに引き受ける総合的な学習の時間、懸け橋期のカリキュラムを中心になって支える生活科のイメージである。

　そのうえで、プロセスの質的向上も考える必要があろう。例えば、総合的な学習の時間であれば、「探究のプロセス」において各教科等で育成された資質・能力が繰り返し活用・発揮され、実際の社会で自由自在に使うことのできる資質・能力が身に付くと考えることが大切になる。ちなみに、生活科においては「体験と表現が往還するプロセス」をイメージし、とりわけ表現活動に内在する機能を明確にしていくことが考えられる。

　本書を通して、「探究」を担う生活科、総合的な学習（探究）の時間の本質を理解し、その未来像を「10のつながり」からイメージしていただければ幸いである。

豊かな子供の姿を
思い描くことが質の高い
授業実践につながる

生活科や総合的な学習の時間の役割

　各学校では、コロナ禍による影響が長引く状況においても教育活動を工夫しながら、改訂の趣旨を踏まえた実践がなされています。今次改訂の趣旨が教育課程の編成や実施に生かされるように、①資質・能力の育成を目指す「主体的・対話的で深い学び」の実現に向けた授業改善、②カリキュラム・マネジメントの充実、③児童の発達の支援、家庭や地域との連携・協働の重視などに取り組んでいます。それらの成果や課題を共有し、創意工夫して教育課程を更新していく実践的な研究が全国各地で行われています。

　本書では、生活科や総合的な学習の時間を「つながり科」として捉え、探究的な学習を充実させる授業実践がたくさん紹介されています。このことは、教育課程の編成や実施における生活科や総合的な学習の時間の役割と関連付けて考えることができます。それは生活科では、幼児期の教育において育成された資質・能力を存分に発揮し、各教科等で期待される資質・能力を育成する低学年教育として滑らかに連続、発展させることが期待されているからです。また、総合的な学習の時間では、各教科等との相互の関わりを意識しながら、学校全体で育てたい資質・能力に対応したカリキュラム・マネジメントが期待されているからです。生活科も総合的な学習の時間も、教育課程の中核となることや、各教科等の資質・能力をつなぐ結節点としての役割があります。

文部科学省初等中等教育局
教育課程課教科調査官

齋藤 博伸

主体的・対話的で深い学びと学習過程

　子供の資質・能力を確かに育成していくために、生活科や総合的な学習の時間を含めたすべての教科等で共通しているのは、主体的・対話的で深い学びの視点からの授業改善です。このことは生活科では、具体的な活動や体験を通して、身近な生活に関わる見方・考え方を生かし、生活科の学習過程の充実を図ることが考えられます。また、総合的な学習の時間では、探究的な見方・考え方を働かせ、探究的な学習過程を充実させることが考えられます。

　各教科等の授業では、見方・考え方を生かしたり、働かせたりするとともに、各教科等の特質に応じた学習過程とすることで資質・能力がよりよく育成されます。そのためにも、単元や題材などの内容や時間のまとまりを見通しながら、子供の主体的・対話的で深い学びの実現に向けた授業改善となる単元づくりが必要となります。さらに、生活科や総合的な学習の時間では、教育課程の中核であり、結節点としての役割があることから、合科的・関連的な指導の工夫や、教科等横断的な学びの実現が求められます。このことを幼保小中高におけるつながりで捉えるならば、幼児期において遊びを通して総合的に学ぶ経験は、生活科や総合的な学習（探究）の時間に引き継がれ、学習対象を自分との関わりで捉え、横断的・総合的に問題を発見・解決していく学び方と重なっていると言えるでしょう。

豊かな子供の姿を思い描くことが質の高い**授業実践**につながる

生活科の学習過程

　生活科では、①思いや願いをもつ、②活動や体験をする、③感じる・考える、④表現する・行為する（伝え合う・振り返る）の学習過程を基本にして、単元にふさわしい展開をつくります。この学習過程は、いつも①②③④が順序よく繰り返されるものではなく、順序が入れ替わることもあります。また、1つの活動の中に複数のプロセスが一体化して同時に行われる場合もあります。さらに単元の中で、時には日常生活の中にも広げながら、何度も繰り返され、子供一人一人の深い学びをつくり出し、気付きの質を高めていくものとして目安にすべきものでもあります。

　なお、こうした学習過程は、何よりも直接対象と関わる体験活動と表現活動が豊かに行きつ戻りつする相互作用を意識することが大切です。それらが連続・発展的に繰り返されることにより、育成を目指す資質・能力として期待される子供の姿が繰り返し表れ、積み重なって確かなものとなっていきます。

　さらに、生活科は低学年における教育全体の充実を図る結節点としての役割があります。そのためにも、教科等間の横のつながりと、幼児期からの発達の段階に応じた縦のつながりを意識した学習過程としていくことが大切です。

総合的な学習の時間の学習過程

　総合的な学習の時間では、①日常生活や社会に目を向けたときに沸き上がってくる疑問や関心に基づいて、自ら課題を見つけ、②そこにある具体的な問題について情報を収集し、③その情報を整理・分析したり、知識や技能に結び付けたり、考えを出し合ったりしながら問題の解決に取り組み、④明らかになった考えや意見などをまとめ、表現し、そこからまた新たな課題を見つけ、さらなる問題の解決を始めるといった学習活動を発展的に繰り返していきます。

　なお、探究的な学習においては、この①②③④の過程を固定的に捉える必要はなく、物事の本質を探って見極めようとするとき、活動の順序が入れ替わったり、ある活動が重点的に行われたりすることは、当然起こり得ることです。この探究的な学習が繰り返される中で、子供の資質・能力が育ち、学習の質がさらに高まっていきます。そして、学習過程の中で、実社会や実生活と関わりのある学びに主体的に取り組んだり、異なる多様な他者との対話を通じて考えを広げたり深めたりする学びを実現することが大切です。

　本書を手がかりに、子供が豊かに学ぶ姿を思い描きながら、生活科や総合的な学習の時間の学習過程に基づいて単元を構想・計画することは、質の高い授業実践につながります。

コロナによって明らかになった大切なつながり

途絶えた「つながり」の再構築

　令和2年（2020年）3月から始まった全国一斉休校。新型コロナウイルスの感染拡大によって、想像もしていなかった対応が始まりました。今までに経験したこともない状況の中で、どうにか子供たちとのつながりをつくろうと、職員とアイディアを出し合った日々。まさに予測困難な社会を実感した毎日でした。学校が再開した6月、戻ってきた子供たちは笑顔で登校してきたものの不安そうな表情の子供も多くいました。そんな中、新たな学校生活様式のスタート。マスクをして距離を置いた友達との対話。表情も読み取れず、より不安感が強くなっていったのかもしれません。様々な「つながり」が薄くなってしまったことを改めて実感しました。そして、これまで大切にしてきた地域とのつながり、地域との協働も途絶えがちになってしまったのです。

　しかし、だからこそ改めて、こうした「つながり」の大切さを実感したのです。子供たちの学びや育ちを支えていたのは、様々なつながりであり、制限はあったとしてもそのつながりを再構築していく必要を強く感じました。子供たちに「自分たちの町を、自分たちの地域を元気にし、みんなを笑顔にしよう」と呼びかけ、コロナ禍の中での生活科や総合的な学習の時間がスタートしていったことを今でも思い出します。

日本生活科・総合的学習教育学会　第32回全国大会・神奈川大会のイメージ
イラスト「はやぶさ」生誕の地から〜つながり合う学びの創造〜

子供たちの前向きな活動によって、途絶えていた「つながり」が再度結びつき、子供たち同士、そして地域や社会と協働した学びが展開され、一人一人の子供の学びも連続的につながり、発展していったのです。子供たちは大人の想定を遥かに超えて、困難な状況を乗り

日本生活科・
総合的学習教育学会
第32回全国大会・
神奈川大会実行委員長

二宮 昭夫
（相模原市立淵野辺小学校　校長）

越えていきました。そして生活科や総合的な学習の時間は、そんな子供たちの学びが成立する学習活動であることが改めて明らかになったのです。

生活科や総合的な学習の時間で 学んできたことが生かされた学校経営

　コロナ禍の中、学校経営に悩んだこともありました。しかし、生活科や総合的な学習の時間の実践研究で学んできたのは「子供とともに考え、様々な壁をともに乗り越え、学び続ける」ことでした。予測が困難なコロナ禍の中であっても、前を向いて、柔軟に創造的に学校経営を進めることができたのは、この学びがあったからこそです。

　今、全国で多くの方が生活科・総合的な学習の時間の実践研究をともに学び合っています。その学びは自分の実践をよりよいものにするだけではなく、よりよい学校づくり、よりよい地域づくり、そしてよりよい未来の創造につながっていくものだと確信しています。

　そして本物の体験を通して、よりダイナミックに学び、ワクワク、ドキドキした子供の学びが、これからの社会を大きく変えていくことも間違いないのではないでしょうか。

　今回の出版に関わった多くの先生方、そして神奈川からよりよい実践を発信しようと取り組んできた日本生活科・総合的学習教育学会　第32回全国大会・神奈川大会の実行委員全員がそう感じていると思います。そんな思いをぜひ本書から感じ取っていただけたら幸いです。

　最後になりましたが本書を出版するにあたってご指導いただいた田村学先生、齋藤博伸調査官、そして編集者の浅原孝子さんに心から感謝を申し上げます。

生活・総合は『つながり科』

探究は「つながり」の中に

「どんな探究的な学習にしようかな？」そんな時、大切にしたいのが「生活・総合を『つながり科』」だと捉えるということです（「つながり」の詳細については、第1章参照）。

どんな学習材を扱う場合でも、探究を重視する生活・総合では自分と対象のつながり・子供同士のつながり・本物とのつながりなどが大切です。そして、それらのつながりは、

子供にとって必然性が感じられるものであることも重要です。

また、それぞれのつながりは、どれも一方通行であるわけではなく、子供自身が何度もくり返し意識したり、別のつながりに広げたりすることができると、より探究的な学習にすることができるようになります。

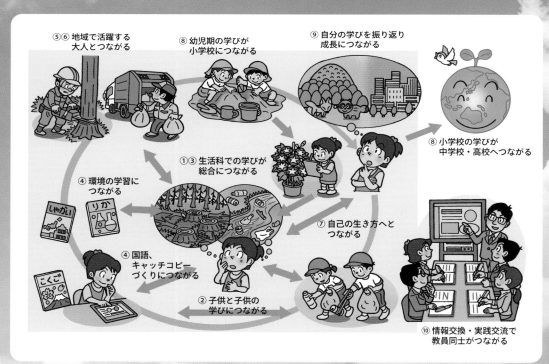

⑤⑥ 地域で活躍する大人とつながる

⑧ 幼児期の学びが小学校につながる

⑨ 自分の学びを振り返り成長につながる

①③ 生活科での学びが総合につながる

④ 環境の学習につながる

④ 国語、キャッチコピーづくりにつながる

② 子供と子供の学びにつながる

⑦ 自己の生き方へとつながる

⑧ 小学校の学びが中学校・高校へつながる

⑩ 情報交換・実践交流で教員同士がつながる

関連し合う「10のつながり」のイメージ

10のつながり

①子供の学びがつながる
②子供と子供の学びがつながる
③資質・能力がつながる
④教科の学びがつながる
⑤地域とつながる

⑥社会とつながる
⑦未来とつながる
⑧幼保小中高の学びがつながる
⑨自分の心とつながる
⑩私たちがつながる

「生活・総合」の新しい授業づくりのポイント

I　今こそ生活・総合

II　子供が輝く・学級学年が輝く

III　輝きを生み出す「探究」の魔法

IV　子供とつくる・子供がつくる

V　未来を切り拓く力を育成する　10のつながり

I 今こそ生活・総合

　平成31年（2019年）12月初旬、新型コロナウイルス感染症（COVID-19）の1例目の感染者が報告され、そこからわずか数か月ほどの間にパンデミックと言われる世界的な流行となりました。新型コロナウイルス感染症は、世界各地で人々の生命や生活、経済や文化など社会全体に影響を与え続けています。それに伴い、私たちの暮らしや働き方も新しい生活様式に沿った変革が求められてきました。

　21世紀となり、これから我々が生きることになるであろう未来社会について、「知識基盤社会」「Society 5.0時代」「VUCA」など、様々な呼称が使われる

VUCAとは
●Volatility（変動性）　●Uncertainty（不確実性）
●Complexity（複雑性）　●Ambiguity（曖昧性）

ようになりました。私たちが生き抜かなければならない未来社会の予測に共通しているのは、「未来の予測が難しく絶対解のない社会」ということではないでしょうか。

　教育においては、「予測困難で、正答のない時代を生き抜くための資質・能力の育成」を迫られるということです。

> （省略）一人一人の児童が、自分のよさや可能性を認識するとともに、あらゆる他者を価値のある存在として尊重し、多様な人々と協働しながら様々な社会的変化を乗り越え、豊かな人生を切り拓き、持続可能な社会の創り手となることができるようにすることが求められる。

　現行の学習指導要領前文には、このような文章が記載されています。注目すべきは、下線部です。学校教育を通して、「持続可能な社会の創り手の育成」が求められているということです。視点を変えると、学び手である子供自身が学校教育を通して「学びを創造」する経験を積み、未来社会をつくり上げる担い手となってほしいという期待が込められている、と読み取ることもできます。私たちは、ここまでに示してきた「予測困難で、正答のない時代を生き抜くための資質・能力の育成」、そして「持続可能な社会の創り手の育成」の核となるのは、「生活科」であり、「総合的な学習（探究）の時間」であると考えているのです。

II 子供が輝く・学級学年が輝く

　生活科や総合的な学習の時間の中で、子供が、教師が想定していた姿を超えて、普段と違う姿を見せる時はありませんか？　それは、その子供が学習の対象である「ひと・もの・こと」に対して、「真剣に」「本気で」関わっているからこそ見られる「輝き」です。

> 地域を盛り上げるためには、何かのものとしてPRすること以上に私たちがよりよくしようという強い意志をもって活動することが大切なんだということに気が付きました。今までの総合より真剣に考えて取り組んだ駅弁プロジェクトの成功は私たちの本気により生まれたものだと感じています。また、商品開発のためのポイントも私たちの気持ちなんだなと思いました。何事の成功も本気が大切だということが分かりました。

　左の文章は、6年生の子供が、総合的な学習の時間に取り組んだ「駅弁開発」を終えての振り返りです。

　「強い意志」「真剣」「本気」などの言葉が並び、この子供が、1年間を通じて真摯に学習に取り組んだことがうかがえます。また、ここには「成功」という言葉も書かれています。子供にとって「自分が起こしたアクションによって何かの状況がよい方向に変わる」ということは、何物にも代えがたい体験なのです。それが本気で取り組んだことによって起こった結果なのだとしたらなおさらです。

　ただし、子供が「本気」で学習活動に取り組むという状況は、そう簡単に生まれるものではありません。これまで取り組んできた実践やそこで見られた子供の姿から、「子供が本気になる条件」を右の図のように整理してみました。

　生活科・総合的な学習の時間においては、「ひと・もの・こと」との関わりが大きな特徴です。そのことを私たちが理解したうえで、「ひと・もの・こと」と関わる単元のデザインや、「ひと・もの・こと」との出会いや関わりについて、意図をもって設定していくことが重要なのです。

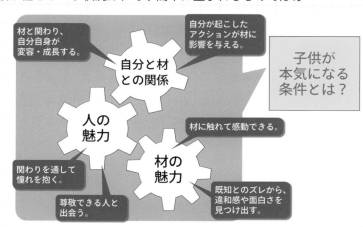

　一人一人の子供はもちろんのこと、学級や学年全体が輝く実践には、教師のていねい、かつ意図的な授業づくりという支えが存在するのです。

III 輝きを生み出す「探究」の魔法

「探究」に関しては、現行の「小学校学習指導要領解説」総合的な学習の時間編 第2章 第2節 目標の趣旨の中に、次のような記載があります。

- （省略）探究的な学習の過程を総合的な学習の時間の本質と捉え、中心に据えることを意味している。
- 要するに探究的な学習とは、物事の本質を探って見極めようとする一連の知的営みのことである。

総合的な学習の時間において、「探究的な学習」がいかに重要であるかが、ここからも分かります。

この「探究的な学習」については、平成20年（2008年）に告示された「小学校学習指導要領解説」

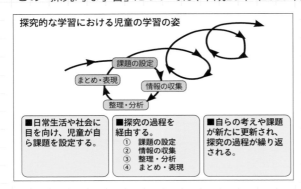

総合的な学習の時間編の中で、「探究的な学習における児童の学習の姿」として左のような一連の学習過程が示されました。児童の学習の姿として具体的に示された【課題の設定】【情報の収集】【整理・分析】【まとめ・表現】という4つのプロセスは、総合的な学習の時間の授業改善や実践を語り合うための「共通言語」として大きな役割を担っていると言えます。

右下の写真は、1年間の総合的な学習の時間を終えた4年生の子供が「自分にとって、総合的な学習の時間とは」というテーマで書いた文章です。この子供は、総合的な学習の時間について「これからの人生へ向けての第一歩」という表現をしています。この文章が印象的だったので、書いた子供に話を聞いてみると、「総合的な学習の時間は教科書がない。だから自分たちの手で教科書をつくっていくイメージ。大変だけど、実はそれが楽しい」という話をしてくれました。このように、子供自身が探究的な学習の価値を実感することで、探究的な学びは、「高度化」「自律化」された探究につながっていきます。

IV 子供とつくる・子供がつくる

具体的な活動や体験を通して、身近な生活に関わる見方・考え方を生かし、	→	自立し生活を豊かにしていく

（育成を目指す資質・能力）

（1）活動や体験の過程において、自分自身、身近な人々、社会及び自然の特徴やよさ、それらの関わり等に気付くとともに、生活上必要な習慣や技術を身に付けるようにする。（知識及び技術の基礎）

（2）身近な人々、社会及び自然を自分との関わりで捉え、自分自身や自分の生活について考え、表現することができるようにする。（思考力、判断力、表現力等の基礎）

（3）身近な人々、社会及び自然に自ら働きかけ、意欲や自信をもって学んだり生活を豊かにしたりしようとする態度を養う。（学びに向かう力、人間性等）

生活科の教科目標の構成

左の図は、現行の小学校学習指導要領の生活科の教科目標の構成です。図の右上に示されている「自立し生活を豊かにしていく」ことは、生活科において究極的な子供の姿とされています。現行の「小学校学習指導要領解説」生活編 第2章 第1節 教科目標の中に、「生活を豊かにしていくとは、生活科の学びを実生活に生かし、よりよい生活を創造していくことである」とあります。「よりよい生活を創造」と言われると、少し構えてしまうところがあるかもしれません。しかし、子供たちが生活科を通して確かに学び、自分自身の生活を豊かにしようとしている姿を以下のように見ることができます。

内容（5）「なつがやってきた」の中で、夏を楽しむための水を使った遊びの中から「色水遊び」を選んだ子供がいました。その子供は、水に色を着けるために、内容（7）「きれいにさいてね」で育てた自分のアサガオから花を取りに教室前のベランダに行きます。そして、アサガオに対して、「もこちゃん、ごめんね。花をとるよ」と声をかけ、できるだけしおれている花を選びながら、やさしくゆっくりとアサガオの花を摘む様子が見られました。ご想像の通り、「もこちゃん」はその子供が自分のアサガオに付けた名前です。繰り返し関わることを通して、この子供にとって、「もこちゃん」は大切な存在になりました。お世話をすることが生活の一部となり、毎日が楽しく充実したものになっているのではないでしょうか。

このように、子供たちは生活科や総合的な学習の時間を通して、自分たちの生活や地域、さらには社会をよりよくつくり上げようとしているのです。

Ⅴ 未来を切り拓く力を育成する

1 「つながり」の大切さ

　あらゆるものの複雑さが増し、将来の予測が困難な状態にある現在、解決すべき課題を見出し、自分たちの力で解決していくことのできるような未来を切り拓く力を子供たちに育んでいく必要があります。未来を切り拓くためには、例えば、様々な知識等を関連付けた複雑な思考をしたり、幅広い視野をもって多面的・多角的に考えたりすることが求められます。また、学びや経験を次に生かして、考えや行動を発展させていくことも必要です。さらに仲間と協働的に課題を解決するといったことも重要になってきます。これらの力は、個別の知識を覚えたり、１つの教科に閉じた内容を学んだりといった学習だけでは育成できません。そこで必要になるのが「つながり」です。

2 10のつながり

（1）10のつながりの整理

　様々なつながりの中から、本書では以下のように10のつながりに整理しました。この10のつながりはそれぞれ独立するものではなく、重なりがあったり、連続性が見られたりと、互いに関連しています。

① 子供の学びがつながる	⑥ 社会とつながる
② 子供と子供の学びがつながる	⑦ 未来とつながる
③ 資質・能力がつながる	⑧ 幼保小中高の学びがつながる
④ 教科の学びがつながる	⑨ 自分の心とつながる
⑤ 地域とつながる	⑩ 私たちがつながる

（2）10のつながりがどのように子供たちを育てるか

〇自己の学びを支えるつながり

　③「資質・能力がつながる」と④「教科の学びがつながる」は、自己の学びについてのつながりです。獲得した資質・能力を次の場面で活用したり発揮したりする「縦のつながり」と、様々

「10のつながり」

な教科・領域の学びの共通点を見出したり、学びを他教科に関連付けたりする「横のつながり」を意識していくことで、学びがより深まっていきます。そして、その学びが子供たちの⑦「未来とつながる」ことで、未来を切り拓く力として開花していきます。また、⑨「自分の心とつながる」

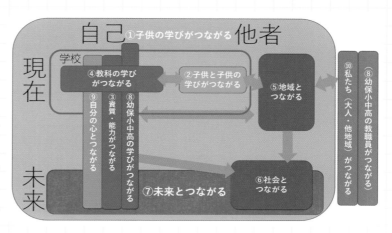

自己 ①子供の学びがつながる 他者

現在

学校

④教科の学びがつながる

②子供と子供の学びがつながる

⑤地域とつながる

⑩私たち（大人・他地域）がつながる

⑧幼保小中高の教職員がつながる

⑨自分の心とつながる

③資質・能力がつながる

⑧幼保小中高の学びがつながる

未来

⑦未来とつながる

⑥社会とつながる

というメタ認知によって、上記のような学びのつながりはより促されます。

○他者との学びに関するつながり

②「子供と子供の学びがつながる」ことで、互いの考えを認め合ったり、時には批判的なやりとりを行ったりといった協働的な学びが促され、自分自身の考えを確かなものにしたり、新たな考えを創り出したりすることができます。

また、そのような協働的な学びが学校内にとどまらず、⑤「地域とつながる」ことで、学びの必然性や責任が生まれ、より真剣で自律的な学びが促されたり、より深く高度な考えが生まれたりするようになります。さらに、身近な地域での学びをきっかけに、より広い社会を考えることが促されたり、社会参画の意識が高まることで未来の社会を考える意識が生まれたりと、⑥「社会とつながる」という視点が育まれ、未来を切り拓く力につながっていきます。

○学びの環境を整えるつながり

子供たちの未来を切り拓く力を育成するためには、⑧「幼保小中高の学びがつながる」や⑩「私たちがつながる」のような教師を含めた大人たちのつながりも必要です。幼保小中高の教師で学びの連続性を捉えたり、様々な地区の教師で学び合ったりすることで、目指す方向性が共有され、よりよい学びの創造を促します。

V 10のつながり

1 子供の学びがつながる

1 子供の学びがつながる大切さ

「子供の学びがつながる」とは、学びが連続し、発展していくことと捉えています。特に総合的な学習の時間では、探究的な学習のプロセスを通して、これまでに得た知識が次の思考の根拠となったり、身に付けた技能を活用したりするなど、より深く考え、学ぶことができます。

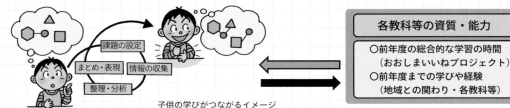

子供の学びがつながるイメージ

各教科等の資質・能力

○前年度の総合的な学習の時間
（おおしまいいねプロジェクト）
○前年度までの学びや経験
（地域との関わり・各教科等）

2 子供の学びがつながる実践から学ぶ

（1）単元の流れ

単元名（前年度） おおしまいいねプロジェクト 〜＃で見た人を元気に〜（5年）

目的：コロナ禍でも地域の人を笑顔にすること
活動：がんばっていること・明るいことを＃（ハッシュタグ）と写真にまとめ、ギャラリー展を実施
※感染状況により、地域での写真撮影や地域の人の招待を断念

単元名（今年度） 写真で残す大島の町プロジェクト（6年）

単元目標

6年間学び育った自分たちの住んでいる大島の町らしさをフォトブックにまとめることを通して、コロナ禍で変化する生活の中でも変わらないよさがあることに気付き、どのように撮影・表現すれば見た人に伝わり、残していけるかを考えるとともに、地域のよさを卒業後も大切に生活していこうと意識することができるようにする。

単元計画（70時間）

1 「地域を歩いてコロナ禍の大島の町を見つめ直し、地域の今を知ろう」（21時間）

　○大島の町のよさを残す方法：フォトブック

　○町探検をして「大島の町らしさ」を考える

2 「残したい大島の町のよさを発信しよう」（49時間）

　○構成・取材・撮影・検討・再撮影・編集

　○学校や地域にフォトブックを配付→振り返り（国語・図工と関連）

【大島の町らしさ】
地域の人の思いや思い出が
つまった場所・物・時

（2）子供の学びをつなげる手立て

６年間の学びのつながり

　これまでその学年がどのようなことを学んできたのかを記録した「学びの足跡」（右図）を参考に、学習材や子供の思考のつながりを考えて、単元をつくっています。１年生から繰り返し身近な地域に関わり、６年生の視点で改めて町探検をし、地域を見つめ直すことで、町への思いや捉えを更新していきました。継続して町と関わることで、これまでの学びや自分たちの経験をつなげて学習することができました。

学びの足跡

写真で残す大島の町プロジェクト ・残していきたい地域の特色や人々の魅力 ・フォトブック 令和3年　6年	←	おおしまいいねプロジェクト ・おおしまいいねギャラリー 令和2年　5年	←	おもてなしOKAGESAMADE ～10th～ ・お世話になった方々への感謝 令和元年　4年
わくわくどきどきおおしましょうがっこう ・学校探検 平成28年　1年	→	大島のまち ほっと!もっと!! ずっと!!! ちょきんばこ～「たい」からはじまる思いがいっぱい～ ・町探検 平成29年　2年	→	世界につながる大島のまち ・国際理解 平成30年　3年

他教科等との資質・能力のつながり

　他教科等で得た資質・能力をどこで活用・発揮できるのかを考え、年間計画を作成しました。また、最後は、図工と国語の学習と関連させ、スピーチで年間の振り返りを行いました。教科等の学びをつなげたからこそ、地域と向き合い、考える時間が増え、地域の中での自己の生き方を考えたり、自分たちの活動の価値を感じたりすることにつながりました。

スピーチの様子

（3）具体的な子供の姿

撮影をする場面

　大島の町らしさをフォトブックに表現するため、撮影の場面や構図をよく考えて撮影に行きました。ある子は「楽しく遊んでいる時を表現するために、ベンチに座っていつもの目線で写真を撮ろう」と考えて撮影しました。前年度の「物語が伝わる写真を撮る」という学びを生かしながら、大島の町らしさが伝わるように、工夫して撮影する様子が見られました。

公園での撮影

写真を検討する場面

　「撮影した写真から物語が伝わるか」を全員で考え、検討しました。事前に全体で考えた写真に込める物語と撮影計画、アンケートなどを根拠にして、よりよい写真にするためにはどうしたらよいかを話し合いました。改善案を基に、写真の構図や撮影する時間、天候を考えて撮影し直すことで、大島の町らしさがより伝わる写真をフォトブックに表すことができました。

　繰り返し「大島の町」に向き合ったことで「地域のために何かしたい」から「フォトブックを通して大島の町の人と心がつながっていられる」と思いが変化していきました。子供たちが何をどのように学んできたのか捉え、学びを意図的につなげていくことで子供たちの学びがつながっていくと考えます。

フォトブック

V 10のつながり

2 子供と子供の学びが つながる

1 子供と子供の学びがつながる大切さ

「子供と子供の学びがつながる」ことで、一人一人の興味・関心がさらに広がり、新たな思いや願い、意欲へとつながります。そして「体験」や「表現」が繰り返し行われることで、一人一人に生まれた個別の気付きが関連付けられ、気付きの質が高まっていきます。また、そのつながりを自覚できるようにすることで、活動の楽しさや周囲の存在の大切さに気付けるようにもなります。

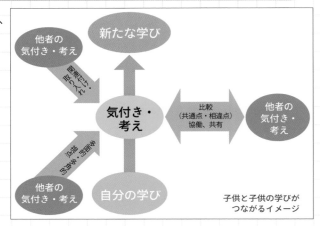

子供と子供の学びが
つながるイメージ

2 子供と子供の学びがつながる実践から学ぶ

（1）単元の流れ

単元名 **わくわく　がっこうたんけん（1年）**

単元目標

　学校の施設や設備の様子を捉えたり、そこにいる人と触れ合ったりする活動を通して、施設の様子や、学校生活を支えている人々や友達について考えることができ、学校での生活は様々な人々や施設と関わっていることが分かり、楽しく安心して遊びや生活ができるようにする。

単元計画（11時間）

1. **がっこうには なにがある？（2時間）**
   部屋・物などの気になることを探しながら学校施設を探検する。
2. **かぎは どこ？　せんせいは どこ？（7時間）**
   特別教室などの鍵を借りる方法を考え、中の様子を詳しく見たり、気になる先生に聞いたり関わったりする。
3. **だいすき がっこう！（2時間）**
   活動を振り返り、お気に入りの場所や好きな人を伝え合う。

（2）子供と子供の学びをつなげる手立て

自分の興味・関心で行き先を決めて、探検する時間を確保する

兄のいる教室を探す

　「お兄ちゃんの教室は４階かな」「靴箱前の広場って何だろう」など、一人一人が自分の思いをもって探検に行けるようにしました。自由探検にすることで、自分のペースで見たり関わったりすることができ、新たな思いや疑問が生まれ、さらに興味・関心が広がると考えました。また、自分の思いを大切にして探検することにより、豊かな表現につながり、子供同士の学びがつながると考えました。学級全体の関心が向かった場所は、全員で探検に行くこともありました。

探検を振り返り、伝え合う場を設定する

　探検の後には、「こんな先生に会った！」「謎の部屋が２階にあった」など発見や疑問を振り返り、全体で共有しました。探検後の休み時間などに、「これってどこにあるの？」「今からいっしょに行く？」など、子供たち同士の関わりが生まれました。子供たちの気付きがつながるようにしたいと考え、板書に使用した写真やイラスト、分かった部屋の名前は、そのまま教室掲示にしました。

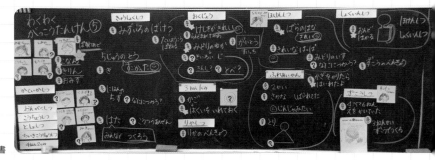
子供の振り返りはマークを活用して板書

（3）具体的な子供の姿

友達の気付きから次の行き先を考える姿

　伝え合いの場で初めて聞く部屋の名前「ふれあいかん」に興味をもち、実際に次の探検で行ったＡさんは、「和式みたい！」と、その後も繰り返し行くようになりました。友達の話だけでは分かりにくかった場所が、自分で実際に行って部屋の中の様子を見ることで、お気に入りの場所となったと考えられます。

Ａさんの振り返りカード

「鍵のかかった部屋」について全体で予想する姿

　伝え合いで、「鍵が閉まっていて入れなかった」という発言が続きました。子供と子供の学びがつながることで、「鍵はだれに借りるのかな」「教室にも鍵が付いているのかな」と、「鍵のかかる部屋」という視点で考え、「危ないから入ってはいけないのかな」「大事なものが置いてあると思う」と予想し、次の探検では鍵のかかる新たな部屋を見つけたり、職員室の鍵の束の大発見につながったりしていきました。

V 10のつながり

3 資質・能力が つながる

1 資質・能力がつながる学びの大切さ

「資質・能力がつながる」とは、生活科をはじめ、それまで様々な場面で身に付けてきた資質・能力を、子供たちが自ら活用・発揮していくことであると考えます。新しい課題に取り組む際、教師がそれまでの子供の学びの履歴を把握して学習を展開していくことで、子供もこれまでの学習経験の中で身に付けた力を手がかりにして問題を解決する姿が見られるのではないでしょうか。また、その資質・能力をより自覚的に捉えるのではないでしょうか。

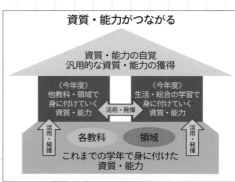

資質・能力がつながる学びのイメージ

2 資質・能力がつながる実践から学ぶ

(1)単元の流れ

単元名 **未来のまちを豊かに！　みんなで燃えるごみをへらそうプロジェクト**
～ 私たちのまちの最終処分場を長持ちさせよう ～（4年）

単元目標

　学校やまちの人に向けて分別促進を発信する活動を通して、ごみ問題は一人一人の当事者意識を高めることが必要だと理解し、その一助となるような内容や方法について考え、ごみを減らす成果を即時に生み出すことの難しさを実感し、これからも身近な環境問題に対する意識をもち続けることができるようにする。

📝 **単元計画（58時間）**

1　燃えるごみを減らすためにできることって何だろう（2時間）
2　リサイクル祭りで燃えるごみを減らそう（15時間）
3　本当に燃えるごみを減らすための活動を考えよう（3時間）
4　正しい分別で燃えるごみを減らそう（15時間）
5　燃えるごみを減らすために学校やまちの人たちに発信しよう（15時間）
6　燃えるごみを減らすことはできたかな（5時間）
7　これからの自分たちにできることを考えよう（3時間）

（2）資質・能力をつなげる手立て

既習の活動を想起し、得られた学びを振り返る【単元計画1】

　子供たちは、「燃えるごみを減らす方法」について、「ごみを役立つものに変身させれば、ごみを減らそうって思ってくれるはず」と考えていました。そう考えた根拠を問うと、

「2年生の時に生活科で『おもちゃ』をつくった時に楽しかったから」〈既習の活動を想起〉
と答えました。続けて、

「何も考えず捨てるものでも、こんなに面白いものに変身するんだって思った。だから、リサイクル祭りを開けば、きっとごみは減らせると思う」〈得られた学びの振り返り、生活科の資質・能力のつながり〉
と話し、この発言が単元計画2につながりました。

ごみを役立つものに変身させる

教科での学びを総合の課題解決に生かせるようにする

　社会科の学習では、焼却工場見学だけでなく、最終処分場の見学や、資源化センターの方の出前授業など、子供が様々な場面で学べるようにしました。それらの学びが、総合の学習の時間で生かせると考えたからです。最終処分場で、ごみを海へ投入している様子や、海に浮かんだごみの様子を見学しました。資源化センターの方には、プラスチック製品や缶などの資源化だけでなく、他のごみの分別の必要性や再資源化が重要であるということについて授業で話をしていただきました。

ごみを「再資源化」していくことが大事なんだ！

社会科の学習の様子

（3）具体的な子供の姿

リサイクル祭り後の片付け場面【単元計画2】

Aさん「祭りは楽しめたけど、かえってごみを増やしていないかな」
Bさん「そもそも『リサイクル祭りでごみを減らそう』と活動してきたのに、これだと違う気がする」
Cさん「他に何か方法はないのかな？」
Dさん「そういえば資源化センターの方が、再資源化が大事って言っていたよね」
Eさん「そう考えると、『変身させてごみを減らそう』って考えるよりも、『分別をしっかりしよう』という考え方のほうがいいのかもしれないね」

　この場面で発揮された資質・能力は子供たちがこれまで積み重ねてきたものではないでしょうか。このように、資質・能力のつながりを意識して子供と向き合うことで、資質・能力はより一層育まれると考えます。

〈問題発見力〉

〈目的に対して振り返る力〉

〈課題設定力〉

〈他教科等の学びを生かす姿〉

〈目的を再設定する力〉

様々な力がつながり、資質・能力が一層育まれる

4 教科の学びが つながる

1 教科の学びがつながる大切さ

　「教科の学びがつながる」の具体的な姿として、右図【A】〜【D】のような姿が考えられます。右図のような子供の姿を教師が捉え、学習活動に位置付けることにより、教科や総合的な学習の時間の学びが活用・発揮され、より充実した深い学びにつながります。

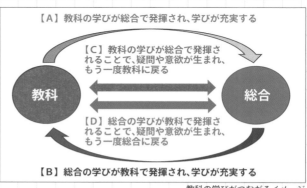

【A】教科の学びが総合で発揮され、学びが充実する

【C】教科の学びが総合で発揮されることで、疑問や意欲が生まれ、もう一度教科に戻る

教科　　　　　総合

【D】総合の学びが教科で発揮されることで、疑問や意欲が生まれ、もう一度総合に戻る

【B】総合の学びが教科で発揮され、学びが充実する

教科の学びがつながるイメージ

2 教科の学びがつながる実践から学ぶ

（1）単元の流れ

単元名　　**知ろう調べよう西地区の農業（5年）**

単元目標
　西地区の農業や農家の現状を調査する活動を通して、農家の方々がよりおいしく、安全・安心な農産物をつくることに尽力していることを理解し、これからの西地区の農業のあり方について考えるとともに、自分の生活や行動に生かすことができるようにする。

西地区の農家の方の畑を見学

単元計画（51時間）

1　西地区の農業が盛んな理由について調べよう。（12時間）
　　【A】「5年社会：我が国の農業や水産業における食料生産」
　　【B】「5年理科：植物の発芽、成長、結実」
2　農家の方の工夫や努力について調べよう。（24時間）
　　【C】「5年理科：天気の変化」【D】「5年理科：植物の発芽、成長、結実」
3　これからの西地区の農業について考えよう。（15時間）

（2）教科の学びをつなげる手立て

「学びをつなげる子供の姿」を想定する【単元計画1】

　単元計画1では、社会科の学習内容（我が国の食料生産は、自然条件を生かして営まれていること）を踏まえて秦野市の自然条件に着目する子供の姿【A】や、野菜がよく育つために必要な自然条件を調べた後に理科の学習内容（植物の成長には、日光や肥料などが関係していることなど）と結び付ける子供の姿【B】を事前に想定しました。そして、そのような姿を認め励ましたり、全体に広めたりできるような場を設定しました。

想定を超えた「学びをつなげる子供の姿」を生かす【単元計画2】

　単元計画2では、教師の想定を超えた「学びをつなげる子供の姿」がありました。「受粉の仕方がよくないと、形の悪いイチゴになる」という農家の方の話から、「受粉の仕方がよくないとはどういうことか」と疑問を抱く子供の姿【D】を捉え、急遽、理科の学習内容（花にはおしべやめしべなどがあり、花粉がめしべの先に付くと、めしべのもとが実になること）を振り返りました。これにより、総合の学びが充実しました。また畑に被害をもたらしたゲリラ豪雨について、理科で学習した内容（天気の変化は、映像などの気象情報を用いて予想できること）と異なる現象が起きていることに気付く子供の姿【C】があり、教師はその姿を捉えて、再度理科の学習内容を踏まえる必要があります。

ゲリラ豪雨による畑の被害

（3）具体的な子供の姿

教科や総合の学びを発揮する姿（【A】【B】の姿）

　まず、野菜がよく育つために必要な自然条件を調べ、次にその条件を秦野市が満たしているかを確かめ、秦野市が野菜を育てるのに適している地域であることに気付きました。

西地区は
高い建物が少ないから、
日光がよく当たるね。

総合の学びが教科で発揮され、もう一度総合に戻る姿（【D】の姿）

　イチゴはミツバチを放して受粉が行われていることや、ミツバチが行うことなので花粉がめしべに十分に付かないことがあると知った子供たちは、農家の方からいただいたイチゴの苗に確実に実を付けさせようと、綿棒を用いて人工授粉を行いました。

V 10 のつながり

5 地域と つながる

1 地域とつながる学びの大切さ

「地域とつながる学び」を通して、子供たちの学習と生活は一体となっていきます。なぜなら、自分たちが生活をする地域の様々な方と出会い、地域の中にある課題の解決を目指すことで、生活に生かす学びとなるからです。そしてこのことは、地域の一員であるという自覚につながるとともに、自己有用感の高まりにもつながります。

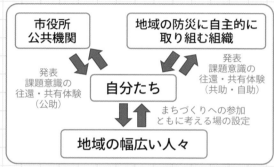

地域とつながる学びのイメージ

2 地域とつながる実践から学ぶ

（1）単元の流れ

単元名 　災害に強いまちづくり（6年）

単元目標

　地域の災害や、防災に対する取組について調べたり、体験したりすることを通して、災害に強いまちづくりについて、情報収集や整理・分析をしたり、自身の生活を振り返ったりして問題を見出すとともに、市や地域の防災の取組やそれに携わる方の思いを知り、地域防災に貢献するために、自分にできることを考え、地域社会の一員として行動しようとする。

正直、ここまで怖いとは思っていなかった。

起震車による災害体験の様子

📋 **単元計画（70時間）**

1　災害に対してどのような取組をしているのだろう（25時間）
2　災害に強いまちってどんなまちだろう（15時間）
3　災害に強いまちづくりのために自分たちには何ができるのだろう（30時間）

オンラインを活用した関わり

（2）地域とつなげる手立て

繰り返し関わることにより、課題意識を共有できるようにする

地域の防災に取り組む様々な立場の方と繰り返し関わり、話し合うことで、子供たちと防災に取り組む地域の方々が課題意識を共有できるようにしました。

地域の一員として
みなさんができることを
考えてください。

災害に強いまちって
どんなまちだろう。

地域の防災に取り組む方と関わる様子

地域の方とともに考える場を設定し、双方向のつながりを目指す

学習した内容の発表や防災についてのお願いなど、子供たちからの一方向的な情報発信で終わることなく、地域の幅広い方々とともに話し合い、考える場を設定しました。それにより、ともに防災意識を高めると同時に、子供たちの地域の一員としての自覚を高めることを目指しました。

（3）具体的な子供の姿

課題解決に向け、効果的な方法を検討する姿

自分たちも含め、地域の人々の防災意識が低いという課題があることに気付いた子供たちは、「災害に強いまちづくり」のためには、防災意識を高めていくことが重要であると考えました。そこで、防災に関する情報発信をすることより、防災ゲームなどをいっしょに行い、防災についてともに考える場を設けることのほうが効果的であると考えました。

自分と違う友達の考えが聞けた。地域の人といっしょにすれば、もっといろいろな考えを聞くことができそうだ。

防災ゲーム（クロスロード）に取り組む様子

学習の成果を感じながらも、冷静に振り返っている姿

学習を終えての振り返りからは、「災害に強いまちづくり」という、自分たちが目指したことに対する成果や、学習を通しての自分自身の成長を実感している姿が多数見られました。一方、「災害に強いまちづくりの一歩にはなったと思います。私たちの活動で、災害についての意識が変わった人・対策をした人もいると思うし、気にならない人もいると思うからです。災害に強いまちづくりは、みんなの意識対策が大切なので、一歩ぐらいなんじゃないかなと思います」と、自分たちの活動の成果と今後の課題を、冷静に考える姿も見られました。

避難所運営は大変だと分かった。避難すればいいというものじゃない。自助が大切だと思う。

避難所運営ゲーム（HUG）に取り組む様子

6 社会とつながる

1 社会とつながる学びの大切さ

　中学校を卒業する際には、進学や就職など、自らの生き方を選択することと向き合うことになります。生まれた地域、慣れた環境から、様々な出自をもつ人と関わる環境へと人間関係が広がり、子供自らの行動範囲も大幅に広がります。社会を構成する人の多様性を捉えたうえで、子供自らが人との関わり方を選択する力を育むことを、中学校卒業までに意識することが大切だと考えます。

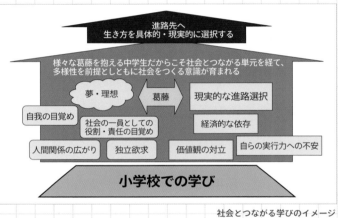

社会とつながる学びのイメージ

2 社会とつながる実践から学ぶ

（1）単元の流れ

単元名　　**誰も一人にしない社会をめざして（中学３年）**

単元目標

　日本の社会を構成する様々な人の抱えている課題を調査したり、課題の改善に向けた活動に取り組んだりすることを通して、一人一人が尊厳や自己決定権をもち、心身ともに安全な生活を目指していることを理解するとともに、だれもが公正、公平に暮らすことができる社会の実現を可能にする方法を探し求め、今後も真に民主主義を実現するための行動ができるようにする。

　📝 **単元計画（15時間）**

　1　身の回りにある抑圧について考えよう（４時間）

　2　自分と社会とのつながりを捉えよう（４時間）

　3　真に民主主義を実現する行動を考え、地域に関わろう（７時間）

（2）社会とつなげる手立て

子供自身の身の回りを見つめ直してみる

　子供自身の生活を見つめ直し、集団の中でどのような立場にいるかを捉えた後、社会で起きている事象を調べ、社会を構成している人の多様性について捉えていくことができるようにしました。

コロナ禍でも映像を通じてつながる

授業後の生徒の振り返り

地域に関わる人の実際に触れる

　地域で活動をされている方へのインタビュー映像を視聴した後に、イメージマップを使って話の内容を整理しました。多様な人々との関わりのつくり方を考える機会としました。

インタビューの内容をイメージマップで整理する

（3）具体的な子供の姿

社会を構成している人々の多様性を捉え、関わり方を工夫しようとする姿

　単元の終末には、地域に出て地域と関わる活動を行いました。活動後には、「今日、実際に地域のごみ拾いを経験して感じたことは『すっきりした』という気持ちです。大人になってもボランティアなどを通して社会と関わっていきたいと思います。適度な距離を保って自分にできることをしていきたいと考えています」という振り返りが見られ、社会を構成している人の多様さへ配慮をしつつ、関わり続けようとする姿が見られました。

活動について話し合う

社会参画に肯定的な印象をもつ

　「どうせ関わっても意味がない。自分の力で世の中が変わるわけないと感じます」と無力感をもっていた子供が、「総合の学習を通して、自分が関わることで意味をなさないことはないことに気付くことができた」と振り返りに記述していました。身近な場所でできることから取り組むことで、社会参画は身近な物事から始められることに気付き、意欲を高めている様子がうかがえます。

地域に出て活動する

V 10のつながり

7 未来とつながる

1 未来とつながる学びの大切さ

「学び」と日々の生活が結び付き、その積み重ねが未来をつくっていきます。子供たちが、わくわくする夢ふくらむ未来（豊かな社会）をイメージし、これからの社会という未来をつくっていくとともに、子供一人一人の未来が豊かになることが必要です。

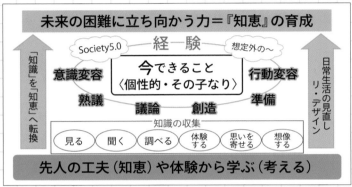

未来の困難に立ち向かう力＝『知恵』の育成

未来とつながる学びのイメージ

2 未来とつながる実践から学ぶ

（1）単元の流れ

単元名　　過去の震災から学び　未来の大地震に備えて
私たちに今できること・やるべきこと（6年）

単元目標

過去の災害から学んだことを通じて、未来の大地震に備えて、私たちに今できること・やるべきことを考えて行動するとともに、未来の災害と向き合う意識をもつことができるようにする。

単元計画（70時間）

1　過去から学び、今できることを考えよう【調べる・知る】（25時間）
　　・防災ガイドブック（市発行物）　・大型商業施設見学　・災害対策課見学
　＊災害を身近なものとして捉え、課題を見出すことができる。
2　今できることからやってみよう【自分事にする】（20時間）
　　・避難所の生活を考える　・起震車体験　・市内防災標語の応募など
　＊自分だったら何ができるのか考えることができる。
3　今やるべきことを1つずつやっていこう【伝える】（25時間）
　　・大型商業施設の協力（従業員向け啓発ポスター作成、館内放送による啓発）。

・身近な人への啓発方法を考える（絵本、紙芝居作成・啓発ティッシュ配布・啓発ゲーム考案など）。

＊より具体的に、相手を意識した伝え方の工夫をすることができる。

（2）未来とつなげる手立て

模擬体験から自分事として考える　例：避難所をイメージする

　避難所体験では、体育館全体で自由に場所取りを行いました。マットに寝転ぶ子、タブレットを使って動画を見ている子など様々な子がいました。そこから徐々に使えるスペースを制限していきます。すると、スペースに入れないで困っている子が出てきました。そこで、全体で考える場面としました。子供たちの気持ちを聞くと、「後から来た時に、どいてほしいとかスペースを分けてほしいとか、なかなか伝えづらい」や「（周りの人が見ている）動画の音が気になった」などの発言がありました。狭いスペースで共同生活する際の課題を多少でも実感できるようにしました。

（3）具体的な子供の姿

啓発活動を通じて、様々な人々（未来の自分）を想定する姿

　5年後、10年後が未来であるのと同じく、1時間後も明日も未来です。子供たちは学びの中で、今後30年以内に南海トラフ地震が起こる確率が70～80%であるという、気象庁の発表と向き合いました。「以内」という言葉を考えた時に、明日かも知れないし、自分が親になった時かも知れないなど、自分の未来とつなげて考えていました。

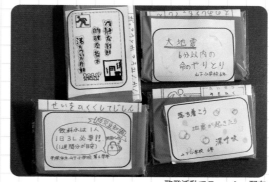

啓発活動でティッシュ配布

日常生活の過ごし方が変わった姿　例：意外と知らない、近所の方との関わり方

　「災害時には近所の協力が大切である」と考えたときに、「隣の人知らない」「話したことない」などの声が多くありました。この状況で、災害時に協力できるのか不安に感じた子供がいました。しかし、学習後のその子供の日記には「今まで恥ずかしくてしなかったけど、話したことのない近所の方に勇気を出して、挨拶するようにしました」と記述がありました。「挨拶」の本当の大切さに気付いた姿です。

小さな意識変容が確実に行動変容につながっていく姿

　より具体的に模擬体験などを通じて考えたことで、子供たちは学習前よりも揺れや自然災害に対して敏感になっていました。そして、学習を通して、「今」という視点だけでなく「その時」という視点で、自分がどの立場の時に大地震が起きても対応できるように考えて学習する姿が多く見られました。このような体験や、それを通して考えたことは、いざという時のよりよい行動につながると考えます。

8 幼保小中高の学びがつながる
～入学当初の子供の姿をきっかけに～

1 幼保小中高がつながる学びの大切さ

　小学校学習指導要領第1章総則や幼稚園教育要領第1章総則等では、学校段階等間の円滑な接続を図るよう求められています。

　子供の学びをつなげるためには、まず幼保小の先生同士が具体的な子供の姿について話し合い、つながることが、子供の学びをつなげるための第一歩です。

幼保小がつながる学びのイメージ

2 幼保小中高がつながる取組から学ぶ

（1）取組の内容

入学当初の子供の姿を記録する

　担任・担任外など様々な立場の先生が、入学当初の子供の姿と気付いたことを記録しました。

子供の姿について、幼保小の先生で気付きを共有する

　具体的な子供の姿について話し合うことで、子供理解が深まりました。

　子供の見方や指導の仕方を考え直すきっかけにもなりました。

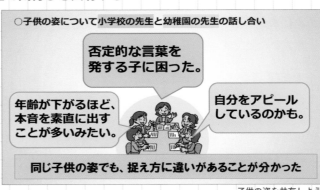

子供の姿を共有しよう

記録した子供の姿をカテゴリー（※1）に分類・整理し、

『幼児期の終わりまでに育ってほしい姿』（※2）を視点に考察・改善する

子供の姿（よい姿・困った姿）についての気付き・考察

カテゴリー	教師の働きかけ・指導・環境設定	子供の姿	小学校の先生の気付き	幼稚園の先生の気付き	☆幼児期の終わりまでに育ってほしい姿との関わり　考察・改善案
②教科の学び	国語の時間に、身体表現をしながら音読を行った。	とても楽しんで行う。教材文に対して、「どんな動きにしようか」と聞くと、次々にアイデアを出す。	身体表現を教師が楽しんでやると、子供たちはさらに楽しんで行った。	担任の先生はイメージを言葉で表現して楽しめるようにしてくれたのだなとうれしく思う。幼稚園でのごっこ遊びの経験が生きているのかなと感じた。	☆（9）言葉による伝え合い　音読に身体表現を取り入れることは、言葉へのイメージを広げ、意味を理解することにもつながる。じっとしていることが苦手な子供にとって、体を動かすことができるほっとする時間にもなる。
②教科の学び	生活の時間に、お兄ちゃんやお姉ちゃんの教室を見て回ることになった。	「6年生は、最後だよ」「順番に行くといい」と、行く順序を自分たちで考えられた。「どうしたらいいかな？」と、自分たちで考えるように投げかけると、意欲的になった。「お兄ちゃんがいた！」「お姉ちゃんは、4年2組にいた」など、こっそり教えに来る子供も多かった。	自ら思いを言葉で表現している姿が見られるのはとてもうれしい。	☆（6）思考力の芽生え　教師が決めるのではなく、「どうしようか」「どうしたらいいのかな？」などと投げかけていくようにしたい。自分たちで決める、考えることで主体的になる。
⑫持ち物	毎週末に次週の学習予定表を出し、持ち物などを知らせている。	忘れ物が多く、教科書を持ってこない子供が何名もいる。	入学当初だから、保護者が時間割を見て、持ち物を確認してくれると助かる。	教科書は、「ずがこうさく」となっているが、予定表は「ずこう」と表記してある。文字が多く、学習予定表を見ても分かりにくい。	☆（2）自立心　園では、絵や写真を提示し、自分で持ち物が分かるように視覚化している。学習予定表を見直し、自分で準備ができるような工夫をしてはどうか。…改善①
⑬登下校	徐々に、子供だけで下校するようにした。	「（保護者が）お迎えに来ない」と大泣きしている。	実態として、学区から遠い園にバスで通園していた経験がない。学区を歩いた経験がない。	子供だけで下校することは、大変なことなんだな。	☆（1）健康な心と体　就学前に子供に通学路を歩く体験ができるよう、保護者に伝えておくことが必要。アプローチカリキュラムに入れる必要がある。…改善②

※1①生活習慣　②教科の学び　③学校生活　④教師との関わり　⑤友だちとの関わり　⑥人との関わり　⑦安全　⑧係・当番　⑨遊び　⑩話し合い　⑪ルール・約束　⑫持ち物　⑬登下校　⑭給食　⑮ICT　　他：その他
※2（1）健康な心と体　（2）自立心　（3）協同性　（4）道徳性・規範意識の芽生え　（5）社会生活との関わり　（6）思考力の芽生え　（7）自然との関わり・生命尊重　（8）数量や図形、標識や文字などへの関心・感覚　（9）言葉による伝え合い　（10）豊かな感性と表現

（2）改善したこと

学習予定表の見直し…改善①

　子供の姿について話し合う中で、文字の多い学習予定表の改善が必要であることが分かり、園の先生にアドバイスをもらって見直すことにしました。イラストや写真を入れ、入学当初の子供にもひと目で用意するものが分かるようにしたことで、子供たちが自分の力で準備しやすくなりました。

見直し後の学習予定表

ひ	だい4しゅうめ　4がつ18にち～22にち				
	4がつ18にち	4がつ19にち	4がつ20にち	4がつ21にち	4がつ22にち
ようび	げつ	か	すい	もく	きん
あさ	あさのかい				
1	がっきゅうかつどう　ちくじどうのおはなし	さんすう	さんすう	たいいく	こくご
2	どうとく	たいいく	ちょうりょくけんさ	こくご	さんすう
	やすみじかん				
3	せいかつ	こくご	ずがこうさく	せいかつ	こくご

※教科書の表紙の写真を撮り、予定表に画像を入れてもよい。

アプローチカリキュラム・スタートカリキュラムの見直し…改善②

　記録した子供の姿を上記の表のように整理することで、子供が安心して自己を発揮することができるアプローチカリキュラム・スタートカリキュラムの見直しのポイントが見えてきました。

見直しのポイント（一部）

【アプローチカリキュラム】
・45分の単位時間を意識した生活の組み立て
・友達といっしょに遊ぶ面白さや、やり遂げた喜びを味わえるような工夫
・通学路を歩く体験ができるよう保護者への呼びかけ　　　　　　　　　　　　　　など

【スタートカリキュラム】
・幼保の週案を参考に週ごとのめあてを設定
・安心して生活できるよう、環境構成・支援を入れた週案作成
・コミュニケーションがとりやすい座席配置　　　　　　　　　　　　　　　　　　など

V 10 のつながり

9 自分の心とつながる

1 自分の心とつながる学びの大切さ

生活科において「自分の心とつながる」ということは、「深い学びそのもの」だと解釈することができます。「小学校学習指導要領解説」生活編には、「生活科においては、気付きの質の高まりが深い学びである」、また、気付きの質の高まりについては、「①無自覚だった気付きが自覚されること ②個別の気付きが関連付けられること ③対象のみならず自分自身についての気付きが生まれたりすること」と表記されています。その中で、③との親和性が高いのが、この「自分の心とつながる」ではないでしょうか。

自分の心とつながる学びのイメージ

2 自分の心とつながる実践から学ぶ

（1）単元の流れ

単元名 広がれ、わたし〜これからも、たくさん「成長」するぞ〜（2年）

単元目標

自分自身の生活や成長を振り返る活動を通して、自分のことや支えてくれた人々について考えることができ、自分でできるようになったこと、役割が増えたことなどに、他者との関わりの中で気付くとともに、成長を支えてくれた人に感謝の気持ちをもち、これからの生活に意欲をもつことができるようにする。

📝 **単元計画（10時間）** -

1 「成長」って、なぁに？（1時間）
2 「成長」を集めよう（2時間）
　【常時活動】もっと「成長」を集めよう
3 「成長」したことを伝え合おう（2時間）
4 「成長」を「支えてくれた人」は、だぁれ？（2時間）
5 「成長」をまとめよう（3時間）

（2）自分の心とつなげる手立て

板書を構造化することにより、成長の３つのタイプを整理する

　常時活動でインタビューしてきたことを共有する時間では、思考ツール「Yチャート」を用い
て成長のタイプを整理しました。授業の終末で、子供が自分たちの言葉で３つの部屋に名前を付けました。そうすることで、それぞれのタイプで成長を捉え直す姿が期待できます。

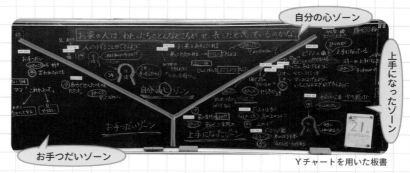

自分の心ゾーン
上手になったゾーン
お手つだいゾーン
Yチャートを用いた板書

「支えてくれた人」を書き足せる「成長カード」を準備する

　単元計画２では、右のように、あらかじめ何も書かない部分を子供に明示しておきます。単元計画４では、その部分に「支えてくれた人」を書き足す活動（ページ下の写真b）を設定していきました。そうすることで、多くの人に支えられていることを自覚する姿が期待できます。

・**成長を書く部分**
・**何も書かない部分**　を明示

書き足す活動を保障する成長カード

（3）具体的な子供の姿

啓発活動を通じて、様々な人々（未来の自分）を想定する姿

　本時では、一人一人が「成長カード」と向き合い、だれの支えがあったのか考えていました。そんな中で、Aさんは「いつも元気でやさしい」という友達からもらった「成長カード」に対して、「お母さん・お父さん・お兄ちゃん」と記述していました。しばらくして、Aさんのもとへ戻ると、そこには、家族を消しゴムで消し、上から「みんな」と記述した「成長カード」がありました。

　教師が「どうして書き換えたの？」と聞くと、Aさんは左下のように答えました。

> オラ、なんで元気なんだろうって考えたの。そしたら、家で元気なのはたしかに家族のおかげなんだけど、学校で元気に挨拶したりできるの、家族のおかげじゃないなって思ったの。そしたら、結局、オラはみんなのおかげで元気でいられてるんだって思ったんだよね。

Aさんの自己内対話を通した学び

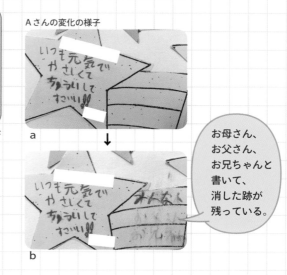

Aさんの変化の様子

a

↓

b

お母さん、お父さん、お兄ちゃんと書いて、消した跡が残っている。

　自分の周りには、ありとあらゆる人がいて、その人たちのおかげで自分は「元気なのだ」と気付いた瞬間ではないかと考えます。そして、「これからも元気でいよう」と思いを新たにします。まさに「自分の心とつながる」姿と言えるのではないでしょうか。

V

V　10 のつながり

10　私たちが
つながる

1　私たちがつながる大切さ

　最後は今までと少し違い、教師目線で「私たちがつながる」大切さについて考えます。自分だけで考えて、優れた実践や目の前の子供たちに合った実践を続けていくことは難しいことです。特に、目の前の子供たちの思いや願いから始まる生活科や総合的な学習の時間では、様々な実践事例を知っていたり、地域の情報を知っていたりする必要があります。そのため、学校や地域を超えて私たちがつながり、情報共有をしたり、高め合ったりしていくことが求められます。そうすることで、これまで

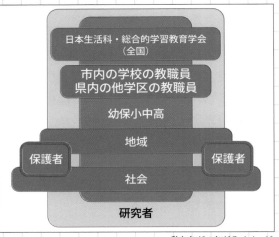

私たちがつながるイメージ

見てきたような子供の学びが、小中高とつながっていったり、地域や社会、未来へとつながっていったりすることを強めることができます。

2　私たちがつながることから学ぶ

(1)各地区研究会

　日本生活科・総合的学習教育学会には全国に地方支部が置かれていますが、私たち神奈川支部の中には、さらに横浜地区（ゆずの会）、川崎地区、相模原地区（柴胡の会）、横須賀地区、平塚地区、そして全県にまたがる形で萌芽塾という６つの市町村支部があり、定期的に研究会を実施して、近隣の教職員等と学びを深めています。学校や子供の実態に応じた

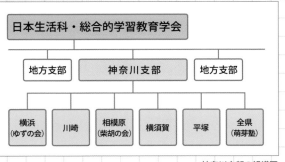

神奈川支部の組織図

様々な事例から学べることは、参加者の大きな財産となっています。

（2）県内他地区とのつながり

定期的な研究発表会

　神奈川支部では年に2回、全国生活科・総合的学習教育学会神奈川支部大会を行い、各地区での学びや実践を共有してきました。

　大会の運営は各地区が輪番で担当し、すべての地区から研究発表を行います。具体的な子供の姿を大切にしながら協議をすることで、実践が単なる型として共有されるのではなく、自分の学校の子供たちの実態も想定しながら学びを活用できるようにしています。

支部大会の様子

　また、基本的に、各地区の中堅教員が講師を務めることで、貴重な人材育成の場としても機能させています。

積極的な情報共有

　神奈川支部大会前には、各地区から2名ずつ選出された役員が集まり、各地区の取組を紹介し合ったり、支部大会に向けた相談を持ち寄ったりと、情報交換の場を設けています。

　また役員だけでなく、支部大会で知り合った参加者同士が連絡を取り合ったり、オンラインで相談をし合ったりという関わりも増えてきました。

（3）私たちがつながる取組の成果

学びの蓄積

　定期的な研究発表会の開催により、数多くの実践事例が集まり、そこから得られた学びが蓄積してきています。次の単元をどのように構成するかを迷った場合には、過去に発表された数々の実践と、そこから導き出されたポイントを参考にすることで、学びを深める学習をデザインするヒントを得ることができます。特に、総合的な学習の時間には教科書がないため、多様な実践事例の蓄積が、各地区や各校の子供の実態に合った探究課題や学習材を選ぶ時に大いに参考になります。

人脈の広がり

　同じ志をもったり、同じような悩みを抱えたりしている仲間がいることは、県内の多くの教師が生活科や総合的な学習の時間の実践を進めるうえで、大きな励みとなっています。困ったらいつでも相談し合える関係を築いてきたことは、神奈川支部の大きな財産の1つです。

つながりとともに広がる子供の世界

1.「つながり」から生まれる新たな世界

　生活・総合において「10のつながり」を大切にすることで、より深い学びへと移行していったり、新たな気付きが生まれたりしながら、子供の世界は少しずつ広がっていきます。

2.広がりの実際

　例えば、地域のスポーツ選手（チーム）や選手を支える方と関わる実践では、年度はじめは、「地域で活躍するスポーツ選手を知らない」「スポーツにあまり興味がない」という子供がほとんどでした。しかし、実践が進むにつれて「みんなにも応援してもらいたい！」「次の試合やイベントに家族で行きたいな！」などスポーツに対する考え方が変わっていきます。また、「中学生になったら運動部に入りたいな！」などの思いをもち、将来のイメージが広がる子供もいるでしょう。様々な「つながり」の中で物事を多面的に捉えることで、新たな価値観や概念を獲得し、子供たちの世界は広がっていくのです。

「つながり」によって広がる子供の世界のイメージ

第2章

各学年の実践事例

1年 生活科

2年 生活科

3年 総合

4年 総合

5年 総合

6年 総合

43

いきものと なかよし

内容（7）動植物の飼育・栽培

1．単元の構想

1 単元目標

　動物を飼ったり植物を育てたりする活動を通して、それらの育つ場所、変化や成長の様子に関心をもって働きかけることができ、それらは生命をもっていることや成長していることに気付くとともに、生き物への親しみをもち、大切にしようという思いをもてるようにする。

単元計画

小単元1（3時間）
むしをさがそう
1．校庭や中庭の様子を調べよう　① 　校庭や中庭の動植物の様子を観察する。
2．互いの考えを伝え合おう　② 　一人一人の考えを知る。
3．虫を捕まえよう　③ 　虫を捕まえる。

※丸囲み数字は時数。

2 虫かごの配置を工夫する

　「虫を飼育すること」に一人一人が無理なく向き合えるようにしたいと考えました。そのため、子供たちの視界に入る様々な場所に虫かごを配置しました。なぜなら虫が苦手な子供たちも、虫が視界に入る時間が増えることと、それぞれの虫かごに集まる友達の虫の飼育や観察の様子を見ることで、虫に対する興味が高まると考えたからです。

3 「発見コーナー」〜主体的なアウトプットとインプット〜

　子供たちの「発見（気付き）」を広げていきたいと考え、虫かごの近くに模造紙と付箋を準備しました。自分の発見を付箋に書くことや友達の付箋を読むこと、またそこから伝え合うことで、「発見」が学級の中に広まり、無自覚だった気付きが自覚化されたり、気付きが関連付けられたりして、気付きの質が高まると考えました。

小単元2（3時間）
むしとなかよくなろう

1. 虫について調べ、環境を整えよう　①
　飼育している虫について書籍で調べる。調べたことを実現するために、必要なものを準備する。

2. 虫の観察をして、気付いたことを伝えよう　② ⇨P.49　クローズアップ45分！
・自分が飼っている虫や友達が飼っている虫を観察する。
・観察して気付いたことを伝え合う。

3. 虫を飼うことについて話し合おう　③
・「飼い続ける」と考えた子供は虫かごの環境を整える。
・「逃がす」と考えた子供は、虫を逃がす。

2．単元の流れ

1　校庭や中庭の様子を調べよう

様子を見てみる

　2学期が始まって、学校に登校してみると、教室の前の中庭で植物が生い茂っていました。また、休み時間に虫を見つけて喜んでいた子供は、「みんなで行ってみたい」という考えを伝えてくれました。

すっごく、緑が増えたね。休み時間に見た時は、虫がたくさんいたよ。

校庭や中庭の様子がだいぶ変わったね。植物や虫の様子はどうかな？

実際に行ってみる

中庭の様子を調べる子供たち

　植物の成長や虫がたくさん活動していることを感じ取ることができました。自然と子供たちから「教室で飼いたい」という声が上がったので、その気持ちを学級全体で共有し、次時を迎えることにしました。

教室で飼いたいな。

2　互いの考えを伝え合おう

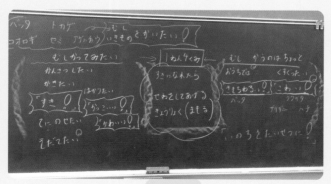

板書

　「虫を飼育したい」と考えている子供がいる一方、虫を飼うことに抵抗を感じている子供もいました。話し合いを通して互いの気持ちを知ることができ、「虫が苦手な子も虫と関われるように、みんなで協力して虫のお世話をしよう」と考えがまとまりました。

3 虫を捕まえよう

生き物を捕まえに行く気持ちを確かめる

いよいよ虫を捕まえに行く活動です。気持ちが高まっている子供は意欲があふれていました。しかし、前時に「虫が苦手」という考えの友達がいることを思い出し、進んで「いっしょに行こう」という声をかけていました。

いよいよ虫を捕まえに行くよ。捕まえに行くけど、どんな気持ちかな？

捕まえるのが怖いから、友達にいろいろ教えてもらおう。

早くトカゲを捕まえたい！あ、いっしょに捕まえようよ。

捕まえに行く

ダンゴムシかわいいなー。

虫を捕まえる子供たち

協力して虫を捕まえている様子がたくさん見られました。準備できる子供には虫かごを持参してもらい、学校でもいくつかの虫かごを準備しました。「ダンゴムシかわいい」という声や「この虫、何を食べるんだろう」という声が聞こえてきました。

4 虫について調べ、虫かごの中の環境を整えよう

虫かごの環境を整える様子

2 子供と子供の学びがつながる

お気に入りの虫を捕まえることができ、多くの子供が虫に没頭していました。その中で飼い方について疑問をもつ子供がいたので、みんなで話し合い、図書室で疑問について調べることにしました。そして、調べた方法を試したり、取り入れたりしました。

5　虫の観察をして、気付いたことを伝えよう

教室の虫の観察をする

　これまで、自分が捕まえた虫に夢中な子供が多かったのですが、「みんなの虫も見たい」という声が上がり、時間をじっくりとって、教室にいる虫の観察を行いました。虫が苦手だった子供も、みんなの雰囲気が後押しして、積極的に観察をしていました。

教室にはたくさんの虫がいるね。じっくり見てみよう。

このバッタ、とっても元気でよく跳んでるなー。

ダンゴムシの背中に模様があるよ。

考えたことを伝え合う

虫を観察する子供たち

　「テントウムシの模様がそれぞれ違っていた」「自分でも虫を捕まえたくなった」など、虫への気付きや自分で挑戦したいという思いを聞くことができました。一方で、飼っていた虫が死んでしまったケースがあり、「飼育を継続していくのか」について話し合うことになりました。

6　虫を飼うことについて話し合おう

　「飼っていた虫が死んでしまった」ということを経験した子供の中から「自然に逃がしてあげたい」という意見が出ました。飼育することを通して、その虫に合った環境を準備してあげる難しさを学べたようでした。一方で、生き物について調べた時に「人間の体温で生き物に触れると、生き物がやけどをすることもある」と知った子供は、「触りすぎず大切に飼います」と発言しました。虫を飼うことに対して、真剣に向き合ってきたからこそ、生まれた発言だと感じました。生き物に繰り返し関わることで、生き物に心を寄せ、愛着をもって接するとともに、生命あるものとして世話をしようとする態度が育ったことが見取れました。

活動と気付きを広げる「発見コーナー」

（小単元2　2時間目）

　第5時の「虫の観察をして、気付いたことを伝えよう」の学習では、担任から「発見コーナー」に貼られている付箋の紹介をしました。日頃からていねいに観察を行い、発見したことを伝えている子供を評価することで、発見のつながりを活性化させることをねらいとしました。

　授業後、これまであまり発見コーナーを意識していなかった子供たちも、貼ってある付箋を読んで、「気付いたことを何でも書いていいんだ」と理解し、発見したことをたくさん付箋に書いている姿が見られるようになりました。

発見コーナーの様子

　他者の考えを知ることで「気付き」が広がっていく様子が見られました。

　書いて「気付き」を残し、見て「気付き」が広がることに面白さを感じていった子供たちは、進んで話をして虫の特徴や変化についての「気付き」を互いに共有し、深めることができていました。

　人のつながりによる「気付き」の質の高まりを見ることができた時間でした。

【ICTの活用】

　生活科の内容（7）については、「記録する」ということにICTを活用することが有効だ、と実践を通して感じました。生き物を観察する中で、「虫のこの様子を伝えたい」という気持ちを多くの子供たちが感じていました。タブレットなどの端末で動画を撮影し、紹介し合うなどの活動を行うことで、生き物についての発見が広がるとともに、ICT機器を操作する力も高まると考えます。

第2章

もうすぐ2年生
成長の喜びを子供が実感できる単元づくり
内容（9）自分の成長

1．単元の構想

1　単元目標

　　年長児に学校のことを伝えたり、入学してからの1年間を振り返ったりする活動を通して、過去の自分と現在の自分を比較し、自分自身の成長や、役割が増えたことに気付くとともに、進級への思いをふくらませて生活できるようにする。

単元計画

小単元1（生活6時間＋国語3時間＋図画工作2時間）

にゅうがくしてくる1年生に、学校のことをしょうかいしよう

0.朝会での校長先生の話をきっかけに2年生までにやりたいことを考える

1.生活科「もうすぐ入学してくる1年生に学校のことを知らせよう」　生①
　もうすぐ入学してくる1年生に学校のことを知らせることを知り、1年間の出来事をみんなで振り返り、1年生に伝えたいことを考える。

2.生活科「1年生のためにできることを考え、計画しよう」　生②
　自分の経験を基に、入学してくる1年生のためにどんなことをしたらよいかを考え、計画を立てる。

3.生活科「1年生のできることが増えるようにポスターを描こう」　生③④⑤
　計画したことを形にしていくために、必要なものを準備したり制作したりするなど、1年生の立場に立って活動する。

4.国語科「新しい1年生に手紙を書こう」　B書くこと
　クラスでどんな手紙にしたらよいか話し合い、新しい1年生へ伝えたい内容を考える。(1)キ　国①
　手紙の書き方や書く時に気を付けることを確認し、自分が知らせたいことが伝わる手紙を書く。B(1)ウ　国②
　書いた手紙を読み返し、必要に応じて直すとともに、下書きを基に丁寧に清書する。B(1)エ　国③

5.生活科「活動を振り返ろう」　生⑥
　ポスターづくりや手紙書きでがんばったことについて、入学前の自分と比べる。

6.図画工作科「こころのはなをさかせよう」
　来年入学してくる園児に伝えたい気持ちをもとに、教室に飾りたい花を考える。　　図①
　想像を広げ、形や色を工夫して表し、できた作品を見合う。　　図②

※丸囲み数字は時数。

2 1・2年で目指す資質・能力の違いを明確にする

　　自分自身の成長への気付きを積み上げるため、内容（9）を1・2学年両方で扱い、各学年における育てたい資質・能力の違いを明確にすることにしました。そこで、学習指導要領の内容（9）の変遷を根拠として、1年生では「できるようになったこと、役割が増えたこと、意欲的に生活すること」を重点にしました。

3 他教科との関連を図る

　　指導の効果を上げ、目指す資質・能力を確実に身に付けることができるようにするために、子供たちの思考の流れを考え、次の教科を単元の中に意図的に位置付け、関連を図りました。

　　図画工作科：入学する1年生に思いを込めて教室掲示を作成する。

　　国語科：1年間の学校生活を思い出しながらお手紙と作文を書く。

　　特別の教科　道徳：多様な人々と触れ合い、よりよい学校生活を送ることができるように互いに考え合う。

第2章

小単元2（生活5時間＋国語8時間＋特別の教科　道徳1時間）

じぶんの1ねんかんのせいちょうをふりかえろう

1. 生活科「1年間の自分の成長を振り返ろう」　生①
　⇨P.54　クローズアップ45分！
　第1小単元を通して気付いた自分の成長をきっかけに、さらに自分自身の成長について考えることを知る。
　入学してからこれまでのことを振り返って気付いた自分の成長について付箋に書く。

2. 生活科「自分の成長を友達や先生に教えてもらおう」　生②
　友達との思い出や友達のよさについて考え、互いの成長を認め合い付箋に書いて伝え合う。
　友達や先生から見た自分の成長を知る。

3. 生活科「書いたものを読み合い、それぞれの考えを伝え、自分の成長について考えたことを共有し合う」　生③
　これまでつくってきたものや付箋を見ながら、1年間のがんばりや思い出を伝え合う。

4. 生活科「これからの自分のことを考えよう」　生④⑤
　これからがんばりたいことや成長したいことについて考える。

5. 特別の教科　道徳
　【C　主として集団や社会との関わりに関すること
　よりよい学校生活、集団生活の充実（第1学年及び第2学年）】　道①
　⑭先生を敬愛し、学校の人々に親しんで、学級や学校の生活を楽しくすること。

国語科「いいこといっぱい、一年生」B書くこと

1年間の思い出を振り返り、その時の様子や思ったことなどを詳しく書き出す。
(1)ア　B(1)ア　①②　⑤

書き出したメモを基に簡単な構成にしたがって文章を書く。B(1)イ　③　⑥

書いた文章を読み直し、必要に応じて修正する。
B(1)エ　④　⑦

文章を友達と読み合い、互いのよさを伝え合う。B(1)オ⑧

※①〜④、⑧は学級全体
　⑤〜⑦は個人

2．単元の流れ

1 にゅうがくしてくる1年生に、学校のことを しょうかいしよう

入学してくる1年生の立場になって活動する

・1年前の自分たちを想起します。
・入学してくる1年生の不安を「できる！」「分かる！」にするために
　ポスターや手紙で学校について紹介したいことを表現します。

〈子供の思いを実現するための手立て〉
子供の考えた表現方法が教師の計画と異なる場合、単元計画を変更します。

表現活動を通して、自分の成長に気付く

1 子供の学びが つながる

入学してくる1年生の
ことを考えて、
ポスターがつくれたよ。

仲よく協力して
できるようになった。

4月に比べて
字が上手に
書けるようになった。

〈ICTの活用〉

・子供がタブレットで撮影した写真をポスターに貼る。
・撮影した写真や動画を生かして紹介する。

★「もっと自分のことを知りたい」と考える子供たち

9 自分の心と つながる

【園児からの手紙】

おてがみありがとう！
せんせいへ　ともだちへ
しょうがっこう
たのしみにしてるよ！

　成長に気付いたこと、目標を達成で
きたことが自信につながり、「もっと
自分と向き合いたい」という思いをも
ちました。

2 じぶんの1ねんかんのせいちょうをふりかえろう

「成長」について考える

〈自分自身の成長に興味と期待感を
もち始めた子供たちへの手立て〉

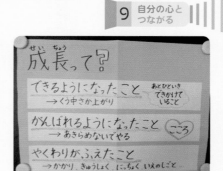

9 自分の心と
つながる

・成長とはどのようなことかを出し合い
　3つの視点で分類します。
・特に振り返りたい視点を確認します。

自分自身の成長について付箋に書く

2 子供と子供の学びが
つながる

〈3つの視点に分けて書くことが難しい子供への手立て〉

【子供たちの付箋　（抜粋）】

・内容をしぼったり枚数
　にこだわったりせず、
　思い思いの成長を自由
　に書けるようにし、ク
　ラスで共有します。

> 4月はおこったらすぐ
> いらいらしてたけど、
> いまはやさしく
> おしえられた。

> みんながおうえんして
> くれたから
> きらいなものが
> すきになった。

〈自分の成長が思い浮かばず困っている子供への手立て〉
・友達や先生、家族から付箋を提供してもらいます。(→P.54【クローズアップ45分！】参照)
　※家族からの付箋は、様々な家庭環境に配慮し、授業時間内にクラス全体で
　　共有せず、教師が個人的に対応します。

★「2年生になると難しいことや不安もあると思うけれど、いいこと
　いっぱいで幸せな2年生にしていきたい」と願う子供たち

> 友達できるかな。

> 勉強できるかな。

　成長の喜びだけではなく、不安な気持ちも大切に取り上げたことが、「不安は
もっていていいんだよ」「できることが増えると不安が小さくなるよ」と応援し
てくれる人がいるという認識につながり、一人一人の推進力となりました。

第2章

クローズアップ 45分！

１年間の自分の成長を振り返ろう
（小単元２　１時間目）

小単元１をきっかけに「成長」について考えました。

 体が大きくなったこと。

 ぼくたちが振り返りたい成長は
そういうことじゃなくて、**心の成長**。

 例えば、あきらめないでやるように
なった、がんばれるようになった、
っていうのが**心の成長**。

みんなは、特に**心の成長**を
振り返りたいんだね。
自分自身の成長を付箋に
書いてみませんか？

付箋に書き始めると、Ａさんは自分の成長が思い浮かばず悩んでいましたが、授業の終盤に学級全体へ向けて思いを伝えました。

 自分の成長が分からないから
教えてください。

Ａさん、友達に
聞いてみたらどうかな。

 Ａさんの成長は、
たくさんあるから早く教えたいな。

いいよ。そうしたら次の時間は、
みんながみんなに付箋を書く
時間にしよう。

私たちも自分の成長をもっと
知れそうだから、楽しみだね。

【次時に書いた、Ａさんへの子供たちの付箋　（抜粋）】

けいさんがすらすらとけるし、
とってもあたまがいいね。
わたしもすごいとおもったよ。

Ａさんのいいところは、
きゅうしょくのときに
うしろをむかなくなった
ところだね。

付箋交換

友達から見た自身の成長を知ったＡさんは、今まで無自覚だった自身の成長、自分を応援してくれる身近な人の存在に気付き、もっと成長したいという願いをもつことができました。困っていたＡさんの思いを肯定的に受け止め、子供同士の成長を認め合うきっかけとしたことで、どの子もこれからの成長への願いをもつことができました。

生活科って何？（生活科の目標）

1. 教科目標について

　生活科は、子供が体全体で身近な環境に直接働きかけ、自分の思いや願いの実現に向けて体験をして、感じたり考えたり、表現したりすることを大事にしている教科です。そして、生活科での学びを実生活に生かして、よりよい生活をつくり出し、また、実生活では、まだできていないことや、したことがないことに自ら取り組み、自分でできることが増えたり、活動の範囲が広がったりして、自分自身が成長していることを実感していくことが重要です。

2. 資質・能力の3つの柱としての目標について

　自立し、生活を豊かにしていくための資質・能力は、単元や授業において総合的に育成されます。子供たちが活動する中で「気付きの質を高める」ことが重要で、生活科は、自分自身についての気付きを大切にしています。

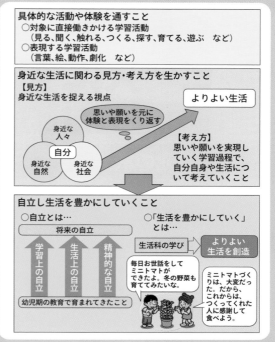

教科目標の趣旨

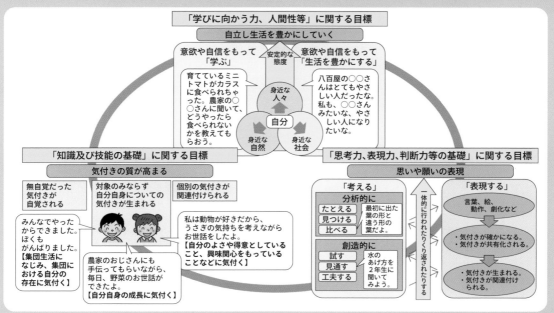

資質・能力の3つの柱としての目標

ピースに終わろう 2年生 ピースにすすもう3年生

内容（9）自分の成長

1. 単元の構想

1 単元目標

　　自分の生活や成長を振り返る活動を通して、過去と現在の自分を比べたり、支えてくれた人々との関係を見つけたりして、自分でできるようになったことや、役割が増えたことなどに気付くとともに、これまでの生活や成長を支えてくれた人々に感謝の気持ちをもち、これからの成長への願いをもって意欲的に生活しようとすることができるようにする。

2 「成長ブック」で思いや願い、気付きを表現

　　自分の成長を他者に伝えるというゴールを設定することで、「どんな成長を伝えるか」という、自分の成長を振り返る視点をもつことが

	小単元1（2時間）	小単元2（2時間）
単元計画	大きくなった自分のことをふりかえろう	「成長ブック」のないようをきめよう
	・2年生の出来事を振り返ろう　① 　2年生での出来事について振り返り、思い出に残っていることやできるようになったことについてみんなで話し合う。	・「成長ブック」の内容を考えよう　① 　幼稚園や保育園など、今まで自分の成長を記録した経験を振り返り、「成長ブック」に入れたい内容を考える。
	・成長したことを伝えよう　② 　交流した内容を基に自分たちの成長を伝えたいという思いをもち、伝える方法を決める。	・「成長ブック」の内容を決めよう　② 　⇨P.61　クローズアップ45分！ 　「成長ブック」に入れたい内容について出し合ったアイデアを基に、成長ブックの内容を決める。

※丸囲み数字は時数。

できます。また、過去の自分との比較や他者との関わりを通して「どう成長したのか」と具体的に考えていくことは、自分自身についてのイメージを深め、自分のよさや可能性への気付きにつながります。

　新型コロナウイルスの感染拡大により、保護者の参観や地域の方との交流などに大きな制限がありました。そこで、思いや願い、気付きを表現する方法として、「成長ブック」という本の形にまとめることにしました。本にすることでだれでも何度でも読むことができ、子供たちが数年後に読み返すことで、再び自分の成長を振り返るツールとすることもできます。

　また、表現方法や構成をそろえることで、活動の見通しや共通のゴールイメージをもつことができ、一人一人が安心して学習に取り組むことができると考えました。

3　キャリア教育の視点を意識した「成長ブック」の構成

　相模原市では、社会的・職業的自立に向け、必要な基盤となる能力や態度を「**つながる力**（人間関係形成・社会形成能力）」「**自律する力**（自己理解・自己管理能力）」「**乗り越える力**（課題対応能力）」「**見通す力**（キャリアプランニング能力）」の４つの力で表しています。本単元では４つの力の視点を意識して成長ブックの構成を考えました。また、キャリア・パスポートを自分の成長を振り返るためのツールの１つとして活用しました。

小単元3（生活18時間＋国語7時間）	小単元4（2時間）
「成長ブック」をつくろう	「成長ブック」づくりをふりかえろう
・「成長ブック」のページをつくろう 　思いがより伝わるよう工夫したり、先生や友達にアドバイスをもらったりしながら、各ページをつくる。 　・2年生の思い出（①②＋国語5時間） 　・自分データ（③④） 　・1年生の思い出（⑤⑥⑦） 　・できるようになったこと（⑧⑨⑩） 　・6年生の自分へ（⑪⑫⑬） 　・手形をつくろう（⑭⑮） 　・すてきなところ（⑯＋国語2時間） ・「成長ブック」を完成させよう 　作成したページを合わせて、「成長ブック」を完成させる。　⑰⑱	・「成長ブック」づくりを振り返ろう 　「成長ブック」を読み返し、周りの人に支えられていることなど、ブックづくりを通して感じたことを振り返って、ブックに書く。　① ・「成長ブック」を読み合おう 　完成したブックをクラスの友達と読み合い、お互いの成長を認め合う。　②

2．単元の流れ

1　大きくなった自分のことをふりかえろう

もうすぐ３年生！

　２年生の残り日数を伝えると、「もうすぐ３年生だ！」と、進級への期待感が高まるとともに、２年生での学習も振り返り始めました。

３年生では、
理科や社会、
リコーダーの学習が
始まるんだって！

新しい１年生も
入ってくるね。

私たちが学校を
案内してあげた子が、
今度は新２年生になって、
１年生を案内するんだね。

みんなで協力した
おもちゃづくりも、
楽しかったな。

　学級目標の「ピース」と結び付けた、Kさんの「ピースに終わろう２年生！」という発言から、単元名が決まりました。

「成長ブック」で伝えよう

　振り返る中で、自分たちの成長を伝えたいという思いが生まれました。感染症の影響で発表会などは難しいことを伝えると、Oさんが「成長ブックをつくろう！」と発言し、本の形でまとめることに決まりました。

2　「成長ブック」のないようをきめよう

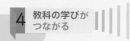

4　教科の学びが
つながる

　「２年生の思い出を載せたい」という思いから、国語科で学習する「楽しかったよ二年生」の内容を作文として入れることにしました。

　また、幼稚園や保育園、１年生での経験を基に、他のページの内容についても決めました。

3　「成長ブック」をつくろう

２年生の思い出〜つながる力・乗り越える力〜

　国語科では、２年生の思い出をスピーチしました。共通体験に「そうそう！」と共感したり、鉄棒で回れた回数に「お〜！」と驚きの声を上

げたりと、互いの思い出を通じて関わり合い、認め合う姿も見られました。

　遠足で友達と遊んだこと、アドバイスをもらってなわとびが上達したことなどを書く中で、人と関わることで楽しくなったり、できなかったことができるようになったりしたことを実感する姿が見られました。

ぼくは、生活科の
おもちゃまつりが
心にのこっています。
…ぼくが思いつかなかった
くふうがたくさんあって、
「工作はまだまだおくが
ふかいな」と思いました。

ぼくはあやとびが
３回とべるように
なったことが心に
のこっています。
…何かちょうせん
するときは、
がんばればできるん
だなということが、
今わかりました。

1年生の思い出〜キャリア・パスポートの活用〜

　1年生で記入したキャリア・パスポートを使って、1年生の頃の自分についても振り返りました。その時、がんばっていたことなどを思い出したり、字の上達や文章力の向上に成長を感じたりしていました。

キャリア・パスポートを読み返す

1年生の頃も、「体育が楽しかった」
って思ってたんだ。

1年生の頃は、挨拶があまり
できていなかったけど、
今は自分から元気に挨拶
できるようになったよ。

1年生でも、当番を
がんばっていたんだなぁ。

できるようになったこと〜乗り越える力・自律する力〜

　できるようになったことをベスト３形式で複数挙げることで、自分の成長を様々な視点で捉えられるようにしました。

相手をイメージして新聞が書けた。

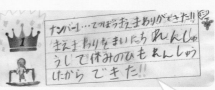

努力を重ねて前回りが
できるようになった。

59

６年生の自分へ〜見通す力〜

　３年生では今の自分と近すぎてイメージしにくいと考え、小学校の最高学年である６年生になった自分に向けて手紙を書く設定にしました。

　兄姉や、登校班長の６年生など、普段関わりのある身近な高学年からイメージをふくらませたり、習いごとなど今がんばっていることを努力し続ける自分を想像したりしていました。

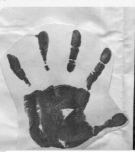 

お元気ですか？
６年生のわたし。
今、2022年は
コロナが大変なんだ。
そっちの今は
どうなっているの？
さい高学年として
ちゃんと大野小を
ひっぱってる？

大野小学校を明るく元気にしてくれてありがとうね。

自分のすてきなところ〜自律する力・つながる力〜

　グループで互いのすてきなところを見つけ、カードに書いて渡し合いました。具体的な出来事を挙げながら、すてきなところを見つける姿は、１年間ともに学んできたからこその姿でした。

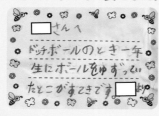 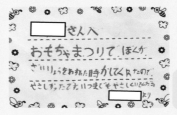

すてきなところ
カード

4　実践を終えて

《Ｒさんの振り返り》
　家族がいたから生きていけたし、友だちがいたから、学校がより楽しくなった。がんばりたい教科は、２年生になかった教科です。前の６年生みたいに、大きな声であいさつしたり、いろいろやさしくしてあげる、やさしい心になりたいです。

　Ｒさんの振り返りから、周囲の人に支えられていることへの気付きや３年生の学習に対する意欲、なりたい自分の姿を見取ることができます。

　振り返ることで、様々な気付きや思いが結び付き、これまでの成長や理想とする自分像の自覚につながりました。

完成した「成長ブック」を読み返す

成長ブック、どんな内容にする？
（小単元2　2時間目）

　自分たちの成長を伝える方法として、「成長ブック」をつくることが決まり、次に成長ブックに載せる内容について話し合いました。

幼稚園でやったみたいに、手形を残したいな。

いいね。みんなの集合写真も入れたいな。

4月にも撮ったよね。同じ場所で撮るのもいいよね。

　幼稚園や保育園、1年生での経験を基に、記録として残したいものを考える姿が見られました。クラスみんなが賛同する内容が挙がる一方、以下のように、どんどん意見が細分化していきました。

今一番ほしいもの！

ぼくは、失敗したことを書きたいな。

好きな番組を書きたい！

　「う～ん…」「それは書かなくてもいいんじゃない？」といった反応が出るなど、「一人一人の思い」と「みんなで話し合って決めること」の間にズレと困り感が生まれました。そこで、一人一人が自分の成長を感じ、「自分事」として成長ブックをつくっていけるよう、多様性を認める言葉がけをしました。

自分で書きたいことを決めて書くページをつくったらどうかな？

- すきなたべものは、ぶどうとりんごといちご
- しょうらいのゆめは、オリンピックにでることきゅう
- そうをしてきんめだるをとりたい。

自分の書きたい「自分データ」

　このように教師が投げかけると、「いいね！」「じゃあ私はあれを書こう！」と、再び成長ブックづくりへの意欲の高まりが見られました。こうして入った「自分データ」のページには、それぞれの個性が表れていました。

【ICTの活用】
　写真や動画を使って2年生の活動を振り返ったり、板書など学習の流れをGoogle Classroomで子供と共有したりしました。今回は紙で成長ブックを作成しましたが、タブレットPCを使ったスライド作成、テレビ会議アプリや動画を活用しての発表など、様々な方法が考えられます。

第2章

うごくわたしたちのおもちゃ
学びがつながる単元づくり
内容（6）自然や物を使った遊び

1．単元の構想

1　単元目標

身近にあるものを使ってうごくおもちゃをつくる活動を通して、よりよく動くように改良したり、もっと楽しくなるように遊び方やルー

小単元1（4時間）		小単元2（生活4時間＋国語2時間）
うごくおもちゃをつくろう		もっとよくうごくおもちゃをつくろう
おもちゃの動きを予想して、使う材料を選び、おもちゃをつくる中で、つくり方や材料を変えるとおもちゃの動きが変わることに気付くことができるようにする。		友達と比べながら、動きを予測しておもちゃを改良する中で、自分が加えた工夫と、おもちゃの動きの間には、関係性があることに気付き、繰り返し改良しようとすることができるようにする。

単元計画

小単元1：
- うちわや輪ゴムを使って遊び、発見した力を紹介する。見本のおもちゃを参考に、つくりたいおもちゃを決める。①

【手立て】
- ○風やゴムの動力に興味をもてるようにする。
- ○「とことこ車」「パッチンジャンプ」（ゴムの力）「ヨットカー」「ロケットポン」（風の力）の見本を用意
- ○教室の一角に材料コーナーをつくり、事前の学年だよりで保護者にも協力を依頼し、いろいろな素材が十分に使えるようにする。

- 教科書などを見ながら、うごくおもちゃをつくる。②③

- おもちゃづくりを振り返り、おもちゃづくりでうまくいったことや発見したこと、困ったことなどを付箋に書き、話し合う。④
⇒P.66

クローズアップ
45分！

小単元2：
- おもちゃの動き方のテーマを決め、もっとよく動くように計画を立てる。①
- おもちゃを改良し、友達と競争するなどして試し、さらに改良する「試す・工夫する」活動を繰り返す。◆ヨットカー記録メモ　【ICTの活用】

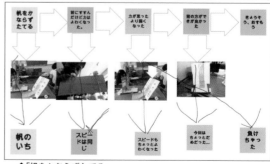

◆「帆をかならずたてる」
⇒「前にすすんだけど力はよわくなった」（結果）
⇒「力が思ったより弱くなった」（感じたこと）
⇒「前のほうができがよかった」（比較した感想）
※改良した結果から考えたことを時系列に記録。②③

- 活動を振り返り、おもちゃを改良する過程で気付いたことや思ったことなどを振り返りとして書き、伝え合う。④
- 自分のつくったおもちゃのつくり方を簡単な絵に描き、説明文を書く。⑤⑥（合科国語）

※丸囲み数字は時数。

ルを変えたりするなどの工夫をし、遊びの面白さや自然の不思議さに気付くとともに、みんなと楽しみながら遊びをつくり出そうとすることができるようにする。

2 学びをつなげるための手立て

　活動の中での子供の気付きに対する教師の言葉がけや、子供たちの話し合い、全体共有が適切なタイミングで行えるよう、一人一人のつぶやきや行動などの記録を基に、授業計画に反映しながら実践しました。

　3年生以上の教科等への接続を意識し、単元を始める前の教材研究では、身近な素材を使ったおもちゃの発展性などを確認しました。単元開始後は、子供が風やゴムなどの力を利用して遊び、楽しむ過程でその面白さや不思議さに気付き、それをつなげ、深められるよう、具体的な活動と表現の時間を繰り返し設定しました。

	小単元3（5時間）	
	みんなであそぼう みんなで楽しく遊べるように遊び方を改良する中で、ルールや遊び方を工夫するとみんなが楽しく遊べるようになることに気付き、友達といっしょに遊びを創り出そうとすることができるようにする。	
【手立て】 ○動きとつくり方の関係に気付けるよう、子供の気付きから視点（大きさ・長さ等）を示し、全体共有する。(関連 算数) ○「試した工夫」と「結果」や「発見」などを、タブレットのメモや写真機能を使って記録し、子供自身が必要な時に見返し、確かめられるようにする。 ○タブレットの記録がつながるように、活動の終わりに振り返りを書く。 ○子供の行動やつぶやき、振り返りがつながるようにファシリテートする。 ○これまでの気付きを想起できるよう「タブレットの記録」「振り返り」など、表現された気付きについて一人一人に言葉がけをする。 ○合科　国語B(1)イ 時系列で整理・表現することで、気付きの質を高められるようにする。 　◆パッチンジャンプのつくり方の説明文 　「ぼくのパッチンジャンプのつくり方をせつめいします。ざいりょうは、ぎゅうにゅうパック1まい、ゴム3本、はさみ、ものさしです。 　　まず、ぎゅうにゅうパックをたてはば13㎝、よこはば6㎝5㎜に切ります。つぎに、切りこみをいれます。切りこみをいれるときに、左右のいちをあわせてください。それから、切りこみをいれたところに、ゴムを3本バツにしてつけてください。これでかんせいです。〜後半部分略〜」 ※自分の伝えたい発見や注意点・こつなどが、時系列で、簡潔に表現されている。	・みんなで楽しく遊ぶ活動について話し合う。　① ・みんなで遊ぶ活動に向けて準備をする。　② ・みんなで楽しく遊びながら、おもちゃを改良したり、遊び方を工夫したりする。　③④ ・うごくおもちゃをつくったり遊んだりしたことについて、学習カードに書き、振り返る。楽しかったこと、大変だったことなどについて、全体で話し合う。　⑤	【手立て】 ○これまで一人一人が発見したおもちゃの面白さを視点に示し、全体共有しながら話し合えるようにする。 ○おもちゃを思うように動かし、安全に遊べる広さがある場所で遊ぶ活動を行う。

2．単元の流れ

1 うごくおもちゃをつくろう

　自分のつくりたいおもちゃを決め、材料やつくり方を確かめました。その後、うごくおもちゃをつくり、どんな動きをするか試しました。そして、うまくいったことや発見、困ったことを付箋に書き、話し合いました。

2 もっとよくうごくおもちゃをつくろう

　一人一人が動き方のテーマを決め、改良計画を立てました。改良したおもちゃを友達と試す中で、「もっと動くようにしたい」と、さらに改良する繰り返しで、納得するまでつくり替えたり、動かし方の条件を変えたりしながら、様々な気付きが生まれました。

《ロケットポン》　　《ヨットカー》　　《パッチンジャンプ》　　《とことこ車》

遠くまで
跳ばしたい

速く走らせたい

高く跳ばしたい

スムーズに
走らせたい

筒の内側に紙を
貼って、玉との
隙間をなくすと
よく跳ぶ！

しっかり帆を立てて
ガムテープで付けれ
ば、強い風に負けない。

牛乳パックもゴムも
二重にすると、
前より跳んだ！

輪ゴムはなるべく
下に付けると、
とことこ動くよ。

　活動を振り返り、これまでおもちゃを改良する中で、気付いたことや思ったことなどを伝え合いました。

2 子供と子供の学びが
つながる

比べて発見したこと

ヨットカーの帆が平らだと、
風が強く当たって速く走る。
お椀形の帆は空気がいっぱい
入って風を逃がさないから、
おすもうをすると強いよ！

重いから
遅くなるけどね！

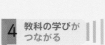

　自分のおもちゃのつくり方や楽しみ方を絵と文章で表現しました。

4 教科の学びが
つながる

3　みんなであそぼう

　つくったおもちゃで、楽しく遊ぶ活動について話し合いました。そして、遊び方やルールを考え、みんなで遊ぶ準備をしました。遊びながら、もっと楽しくなるようにルールを付け加えるなど、遊び方も、グループで話し合いながら改良していきました。

だれより遠くへ！
ロケットポン

ゴールをめざせ！
とことこめいろ

上り坂競走
ヨットカー

高く跳べ！
パッチンジャンプ

　うごくおもちゃをつくったり遊んだりしたことについて振り返りを書き、みんなと伝え合いました。

4　実践を終えて

<table>
<tr><th colspan="2">《３台のヨットカーをつくったＴさんの振り返りとメモ》</th></tr>
<tr><td>2台目をつくった後の
振り返り</td><td>ぼくのヨットおそいと思った。</td></tr>
<tr><td>3台目をつくっている
途中のタブレットメモ</td><td>坂道のぼれるようになった。2回目よりはやかった。
タイヤをまっすぐにした。スムーズなうごきになった。</td></tr>
<tr><td>3台目改良後の
振り返り</td><td>風でうごかすところを大きくするといいです。
で、タイヤがゆるすぎると、あんまよくないです。</td></tr>
<tr><td>単元の終わりの振り返り</td><td>1回目であんまりうまくいかなかった。だって
風でうごかすとこが、とれちゃったからです。
けど、2回目はタイヤがうごかなかったです。
でも3回目ではうまくいきました。
だって風でうごかすところがおちません。
あとはタイヤがゆらゆらしません。</td></tr>
</table>

　1台目のヨットカーは、キャップにきりで開ける穴が大きくなりすぎ、4回やり直しました。ようやく動いたヨットカーに笑顔でしたが、友達と競走すると速度が出ないことに気付きました。力任せにうちわで扇ぐと、今度は帆が取れてしまいました。

　2台目は、タイヤの軸と台を直接貼り付けたために、タイヤが動きませんでした。「いいな、と思うヨットカーを見つけてみたら？」と声をかけると、すぐに見つけ、比べ、改良を始めました。粘り強く試行錯誤し、取り組んだ自信が、振り返りにも表現されています。

1　子供の学びが
つながる

うまくいったことや発見、困ったことを話し合おう（小単元1 4時間目）

自然の中のきまりや自然事象の不思議さへ気付きをつなげる
～比べ、見つけ、試す時間の充実を通して～

2年 生活科 うごくわたしたちのおもちゃ 学びがつながる単元づくり

　1回目のおもちゃづくりでは、つくるだけで精いっぱい、動かないおもちゃもありました。例えば「とことこ車」をつくったHさんは、なぜ動かないのか、その理由がはっきりせず、振り返りには「さいしょは、かんたんに見えたけど、やってみたらすごくむずかしかった」と書きました。

　まだ多くの子供がうごくおもちゃの面白さに気付いていない状態でした。

　そこで、うまくいったことだけでなく、困ったことについても、十分に話し合うことで無自覚な気付きから自覚へ、推測を試すことで確信へ変容できるのではないかと、少人数グループで交流する時間を取りました。

とことこ車グループの交流場面

電池を上のほうに付けすぎたり、カップが平べったかったりして動かなかったんだ……。（Hさん）

ぼくのは、とことこって動いたよ！ゴムを付ける位置とか電池の大きさがよかったのかな？（Rさん）

やっぱり、位置かぁ。

それじゃあ、見本のおもちゃを動かして、位置とか確かめたら？

やってみる！

　実際にとことこ車を動かしながら、輪ゴムがどのように回転するか観察し、ねじり方と動き方の関係を何回も確かめていました。そして、とことこ車が走るだけでなく、電池が回転する振動でジャンプすることを見付け、「ジャンプするよ！　見て見て！」と友達にも教えていました。

《Hさんの振り返り》
　さいご、とことこくるまが、さかみちを上るかやってみたら上った。自分はつくれなかったけど、みんながかんせいできたのが見れてうれしい。

　この活動をきっかけに、うごくおもちゃの面白さに関心をもち、「次はこんな動きをさせたい」と意欲的に小単元2に進むことができました。

「総合」って何？（総合的な学習の時間の目標）

1. 目標について

　総合的な学習の時間では、教師が子供たちに付けたい力を明確にして課題を設定することで、問題解決的な活動を子供たちとアイデアを出しながら発展的に繰り返すことができます。各教科等で身に付けた力を発揮しながら様々な角度で物事を捉えたり、試したりしていくことで「よりよく課題を解決する力」や「自己の生き方を考えていく力」を身に付けます。

2. 資質・能力の3つの柱としての目標について

　「よりよく課題を解決する力」や「自己の生き方を考えていく力」につながっていくための資質・能力は、探究的な学習をしながら、主体的・協働的に学ぶことで高められます。子供が主体的・協働的に学べるような単元計画を立てると、教師も子供も楽しい総合の学習になるでしょう。

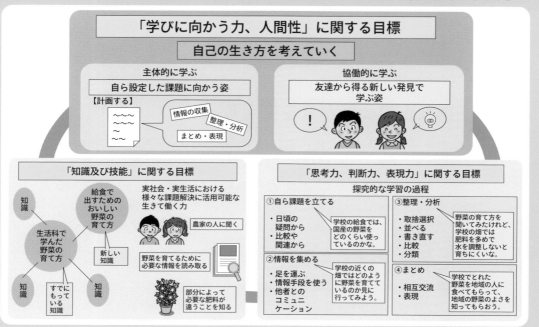

地域の宝を輝かせよう

相模川ふれあい科学館とわたしたちができること

1. 単元の立ち上げにあたって大切にしたこと

　　初めて総合的な学習の時間を行う3年生の子供にとって、「総合はどんな勉強をするのかな？」と考えることは、総合に対する興味関心を高めることにつながると思います。しかし、具体的に何をしていくか、そのためにはどんな計画を立てていけばよいかは、教師側の支援が欠かせません。学年ごとの探究課題や取り組んでほしい学習材は、全体計画である程度決まっている学校もあるので、その枠組みの中でどう学習を進めていくかを最初に学年で検討する必要があります。「総合の立ち上げ」に大切なことを実践から紹介します。

1 子供の実態を把握する

　　3年生の子供たちは、休み時間になると、中庭や校庭でトカゲやバッタなどの虫を捕まえてくることが多く、理科「チョウを育てよう」でも、動物への関心が高く、育てることへの抵抗も比較的少ないように感じました。

2 生活科とのつながりを考える

　　これまでの生活科では、内容（7）におけるアサガオや夏野菜の栽培は行っていましたが、動物の飼育は行っていませんでした。そして、新型コロナウイルスのために地域の方たちと触れ合う機会もなく、「内容（3）（8）に関連する学習をすることは難しかった」ということをこれまでの担任と確認しました。

3 学習材を検討する

　　学校で設定されている3年生の探究課題は「地域の特色に応じた課題」です。そして、子供たちの生き物への興味の高さや、生活科で地域の方とつながるこ

とができなかったという実態を踏まえて、学習材を検討しました。田名北小の近くには、相模川が流れているだけでなく、相模川ふれあい科学館という相模川の生き物を中心に展示している公共施設があります。

4 年間計画・評価規準の作成に向けてイメージを共有する

ウェビングマップ

単元目標や年間計画を立てる際に、学年でウェビングマップを使って、相模川ふれあい科学館と関わっていく中でどのようなことが可能で、どのような力が身に付けられるかを検討しました。学年で行うことで、学習材からどんな学習活動が可能なのかが明確になるだけでなく、身に付けたい力や評価規準、年間計画のイメージの共有が図れます。

また、その際に、様々な教師に見てもらえると、多様な気付きも生まれ、さらに深まっていきます。

年間計画作成の会議メモ

5 外部機関と打ち合わせをする

総合的な学習の時間の中で、関わっていただく外部機関との打ち合わせは、とても重要です。

本実践でも、学習を始める前に、年間を通して関わることができるか、何ができるかできないかなどについて、打ち合わせを行いました。見学や利用をする際に、料金が発生するかどうかの確認も必要です。また、打ち合わせの際に、子供に身に付けさせたい力や活動のねらいなどを事前に伝えておくことで、学校と外部機関の考え方に行き違いが生じにくくなります。

6 年間計画と評価規準の作成をする

4 教科の学びがつながる

前述の内容に加え、年間計画作成で意識したことは、他教科との関連です。特に、国語の「書くこと」の活動は、様々な場面で活用することができます。３年生であれば、報告する文章や、例を挙げながら説明する文章を書く学習を、総合的な学習の時間と関連させることが考えられます。学んだことを使う場面が増えれば増えるほど、学びが深まっていきます。

２．小単元１　学習の材を決めよう

1　導入を大切にする

　　子供たちが、総合の学習や活動のイメージをもてるように、NHKの番組「ドスルコスル」の中から取り組みたいことに近いものを見せました。
　　その後に、子供から出た意見を分類・整理して、次の授業で、課題づくりをしました。多様な意見を整理するためには、板書をする際に、子供から出た意見を分類しながら、整理していくと子供たちも見通しをもちやすくなります。

2　話し合ってテーマづくり

　　総合の授業を進めるうえで、テーマ（単元名）があると子供たちが最初にもっていた思いに立ち戻ることができます。子供たちの願いや学んでほしいこと、身に付けさせたい力などを総合的に考えて、今年度の総合のテーマは、「地域の宝を輝かせよう〜相模川ふれあい科学館とわたしたちができること」に決まりました。

年間計画	4月	5月	6月	7月
	小単元1（8時間）		小単元2（16時間）	
	学習の材を決めよう		相模川ふれあい科学館について調べよう	
	【導入】 ・NHKの番組「ドスルコスル」を見て、総合的な学習の時間についてのイメージをもつ。 【課題の設定】 ・自分たちの地域で、他の地域にはない魅力について考える。 【情報の収集】 ・本やインターネットなどで調べる。 【整理・分析】 ・相模川ふれあい科学館や相模川についてどんなことを学びたいかを分析する。 【まとめ・表現】 ・調べたことを基に、活動計画を立てる。		【課題の設定】 ・相模川ふれあい科学館を調べる。 【情報の収集】 ・展示している生き物などについて調べる。 ・相模川ふれあい科学館を見学する。 【整理・分析】 ・調べたことや見学して分かったことから、相模川ふれあい科学館の魅力を考える。 【まとめ・表現】 ・もっと知りたいことや自分たちがやってみたいことを整理して、2学期以降の活動の計画を立てる。 ⇨P.73　クローズアップ45分！	

※総合は、小単元の合計時間数のみを記載しています。

3　子供の思いや願いを取り入れた活動にする

　　授業を進めていくと、子供たちからやってみたいことがたくさん出てきました。それらを実現するために、どうすればよいかを話し合い、中心となる活動を決めました。このような時には、教師側が事前に子供から出る意見を予想しておくことが重要です。

　　今年度は、子供たちが相模川の生き物を調べていく中で、自分たちだけで調べるのには限界があることに気付き、「もっと詳しく調べるために、詳しい人に聞いてみたい」という思いをもちました。そこで、相模川ふれあい科学館に子供たちが手紙を書き、見学の申し入れをすることにしました。

　　このように、子供たちが主体的に学習を進めていくためには、子供たちが本物（相模川ふれあい科学館や様々な生き物たち、飼育の専門家である飼育員や施設スタッフ）と出会い、自ら目標を見出し、必要感をもって活動していくことが不可欠です。子供たちが自ら考え行動する中で、思いや願いが達成されることが学習を進めるうえでとても大切になります。

田名で、他の地域の人に自慢できるものや魅力があるものは何かな？

自然がいっぱいあるよ！

畑やおいしい野菜がある！

相模川！

ふれあい科学館！

第2章

8月・9月	10月	11月	12月	1月	2月	3月
小単元3（32時間）				小単元4（14時間）		
わたしたちと相模川ふれあい科学館や 相模川の生き物とのつながりを調べよう				学習したことを発信しよう		
【課題の設定】 ・相模川には、実際にどんな生き物がいるか調べる。 ・相模川ふれあい科学館の仕事を手伝い、学習の見通しをもつ。 【情報の収集】 ・相模川に生き物採取に行き、飼育する。 ・相模川ふれあい科学館の仕事を調べる。 【整理・分析】 ・相模川の生き物を飼育して、特徴などを整理する。 ・自分たちの生活と相模川ふれあい科学館や相模川の生き物とのつながりを分析する。 【まとめ・表現】 ・自分たちにできることをまとめる。 ・相模川ふれあい科学館などとのつながりについて、伝えたい相手と伝えたいことをまとめる。				【課題の設定】 ・相模川ふれあい科学館や相模川の生き物の大切さやよさ、楽しさを伝える方法を考え、計画を立てる。 【情報の収集】 ・どのような伝え方があるのかを調べる。 ・これまでの体験の中から、伝えたいことを洗い出す。 【整理・分析】 ・伝えたいことを整理し、適した伝え方について考える。 【まとめ・表現】 ・保護者や他学年を対象に、地域の魅力を伝える発表会を行う。		

３．小単元２　相模川ふれあい科学館について調べよう

1　相模川ふれあい科学館見学に向けて【ICTの活用】

相模川ふれあい科学館について、調べて分かったことをJamboard（※）を使って、情報を共有しながらまとめました。ICTを使うことで、クラス全体としてすでに得られている情報と、まだ分かっていないことを把握することができ、効率的かつ協働的に活動できます。

2　子供と子供の学びがつながる

調べたことをJamboardで共有

※Googleのアプリで、共同作業がリアルタイムでできるデジタルホワイドボード。

2　相模川ふれあい科学館を見学する

5　地域とつながる

見学に行く前に、質問したいことを手紙に書いて送り、短い時間でも子供たちが必要だと感じていることを聞くことができるようにしました。

また、普段は見ることができないバックヤードを見学させていただき、子供たちは「生き物たちを飼育し続けるために様々な工夫をしている」ことを知りました。それはインターネットや本を使うだけでは知ることができなかった情報なので、子供たちは真剣に話を聞いていました。本物に触れることを通して、子供たちは様々なことに気付き、今後の学習への意欲を高めることができました。

バックヤードにも魚がいるのは何でだろう？

魚を展示する以外の仕事があるのかな？

生き物の健康管理をしたり、それぞれに合わせた環境を整えたりすることも大切な仕事ですよ。

2学期から**取り組むこと**を**考えよう**
（小単元2　16時間目）

　総合のまとめ・表現と国語科の「書くこと」の学習は、関連させやすい学習の1つです。今回は見学のまとめを、国語の「報告書にまとめよう」と関連付けて行いました。発見したことや考えたことをまとめる際には、国語で培った力を活用することで、学びを深めることができます。

ふれあい科学館で、見つけたことは何かな？

魚を飼う工夫をたくさん知ったよ！

いろいろな種類の生き物がいたよ！

自分たちも飼ってみたいな！ふれあい科学館の仕事ももっと知りたいな！

この水槽にはどんな生き物がいるのですか？

魚を展示する以外に、どんな仕事があるのかな？

生き物が元気にいられるようにとても気を使っていたね！

生き物や相模川の魅力を伝えるための工夫もしていたよ！

飼育員さんに質問

　その報告書を基に、2学期以降の取組について各学級で話し合いました。この話し合いを行うことで、自分たちが1学期に学んできたことと、相模川ふれあい科学館の見学で発見したことをつなげて考え、2学期以降の課題づくりを行いました。

《Oさんの振り返り》
　そうごうで、さがみ川の生き物をしらべました。このしらべたことをいかして、さかなをつかまえて、かいたい。また、自分たちでしらべてじょうほうをえたい。
《Rさんの振り返り》
　ふれあい科学館の人は、お客さんのためにくふうをしていると考えました。ぜつめつきぐしゅをかって、ふやしていきたいと思いました。
《Kさんの振り返り》
　魚のかい方のごくいを全ぶしれてよかったなと思った。さがみ川のゴミ問題について調べたい。

　1組の子供たちは、「飼育を通して相模川の生き物のことをもっと知りたい」、2組の子供たちは、「相模川ふれあい科学館の仕事をもっと調べたい」という課題をつくったところで話し合いを終えました。2学期以降は、1組と2組で活動が異なることになりますが、最初に学年で年間計画と評価規準を決めておくことで、活動に幅が生まれても、本来の目標からぶれることなく、身に付けたい力に向かうことができます。このように学習活動に多様性があるのも、総合的な学習の時間の大きな魅力です。

第2章

旭小120周年をお祝いしよう

1. 単元の構想

1 単元目標

　旭小の歴史を調べたり、旭小のよさについてまとめたりする活動を通して、旭小の歴史や今まで支えてきた人々、今を支えている人々の存在や思いを知り、旭小の120周年を祝ったり感謝を伝えたりするため、よりよいかるたをつくる方法や広めていく方法を考えるとともに、協働して課題解決に取り組もうとすることができるようにする。

	4月・5月	6月・7月・8月
年間計画	小単元1（8時間）	小単元2（16時間）
	総合のテーマを考えよう	旭小120年の歴史を調べよう
	【導入】 ・「総合」とはどのような学習なのか知る。	
	【課題の設定】 ・どのようなテーマで活動するかを考える。	【課題の設定】 ・旭小の歴史について、どんなことを調べればよいか、どんな方法で調べればよいかを考える。
	【情報の収集】 ・候補となるテーマのメリット・デメリットを考える。	【情報の収集】 ・学校に残っているアルバムや90周年や100周年の記念誌を使って、旭小について調べる。 ・校長先生や卒業生にインタビューをする。 ・Google Formsを使って、卒業生にアンケートをとる。
	【整理・分析】 ・それぞれのテーマのメリット・デメリットを比較し、活動のテーマを決定する。	【整理・分析】 ・集めた情報を整理し、旭小の歴史やよさについて考える。
	【まとめ・表現】 ・テーマに基づいて、見通しを立てる。	【まとめ・表現】 ・旭小の歴史やよさをまとめる。

2 地域とつながる

　学習を進めるうえで、地域の方々と関わる場面を多く設定するようにしました。地域に暮らす卒業生にインタビューをしたり、学区内にある印刷所の方や、「相模原ふるさといろはかるた」を制作した市民学芸員の方にもご協力をいただいたりしました。直接会ってインタビューすることが難しい場合は、書面を通してのつながりをもつようにしました。

3 【ICTの活用】タブレットPCの活用

　直接インタビューをすることが難しい卒業生に向けてのアンケートや、読み札の文を最終決定する場面や、かるたを購入してくださった方へ遊んだ感想を聞くアンケートにGoogle Formsを活用しました。また、学校に残る資料で調べる際に気になったものや、校内にある歴史に関係するものなどを撮影する際に、カメラ機能を活用しました。

9月・10月・11月・12月・1月	2月・3月
小単元3（34時間）	小単元4（12時間）
旭小120年の歴史をまとめよう	旭小120年の歴史を広めよう
【課題の設定】 ・旭小の歴史やよさを伝える方法を考える。 ・かるたを制作する計画を立てる。 ⇨P.80 クローズアップ45分！ 【情報の収集】 ・相模原ふるさといろはかるたを制作した市民学芸員の方にかるたのつくり方を聞く。 【整理・分析】 ・今まで調べてきた旭小の歴史やよさに関する情報を比較し、かるたに入れるべき題材はどれかを考える。 ・学区にある印刷所にかるたの印刷を依頼する。 【まとめ・表現】 ・グループで分担し、かるたを制作する。 ・かるたを販売する。	【課題の設定】 ・かるたを使って、旭小の歴史やよさをさらに広める方法を考える。 ・かるた大会の計画を立てる。 【情報の収集】 ・学校で行われる様々な行事のプログラムを思い出しながら、かるた大会のプログラムに入れたい内容を考えるための情報を集める。 【整理・分析】 ・かるた大会を開催する目的や招待する相手などと照らし合わせながら、プログラムを決定する。 【まとめ・表現】 ・役割分担をし、かるた大会の準備を進め、かるた大会を開催する。

２．単元の流れ

1　総合のテーマを考えよう

「総合」って何だろう？

　上級生の総合の活動を思い出し、総合について知っていることを出し合いました。総合には教科書がないことや、自分たちや地域の人がわくわくしたり、みんなのためになったりすることが大事であることなどを教師が補足説明していく中で、総合に対して期待感を高めている姿が見られました。

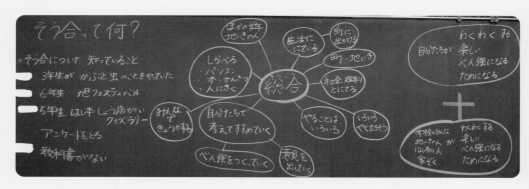

総合のテーマを考えよう

　総合のイメージをもったうえで、今年度の総合で取り上げたいテーマを出し合いました。自然環境や食品ロス、動物虐待など一人一人の子供が関心のあるテーマにこだわりをもっていたので、それぞれのテーマを取り扱った際のメリット・デメリットを洗い出し、比較をしながら、より自分たちに合ったテーマを考えられるようにしました。そして、最終的にメリットが多く、デメリットも解消できることが分かった、「旭小学校120周年」について学習していこうと決定しました。

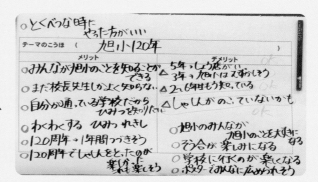

2 旭小120年の歴史を調べよう

どんな方法で調べればよいか考えよう

2 子供と子供の学びが
つながる

学校のことを調べる方法を考えました。校長先生に聞く、学校にある資料室で調べる、卒業生に聞くなどの意見が出てきました。これらの意見を基にして、情報収集の際の注意点や、事前準備に関することなどにも、話し合いが広がっていきました。

卒業した人たちに、「ぼくたちの総合に協力してほしい」という内容のお手紙を出して学校に来てもらうのはどうかな。

仕事で学校に来られない人もいるだろうから、Google Formsを使ったらいいと思う。

そうしたら、先に質問を考えておいたほうがいいね。

インタビューやアンケートで調べよう

5 地域と
つながる

様々な方法で学校の歴史やよさについて調べていきました。複数の方法で情報を集めたことで、旭小学校には長い歴史があり、多くの人たちが通ってきた学校であることや、様々な思い出が詰まっている場所であることを子供たちが実感することにつながりました。

地域で暮らす卒業生へのインタビュー

昔も航空写真を撮っていたんだね。

校長先生へのインタビュー

気になる資料をカメラ機能で撮影

旭小のことが好きな人も多いけど、普通やまあまあの人もいるんだな。大好きの人をもっと増やしたいな。

地域で暮らす卒業生に取ったアンケートの分析

第2章

3 旭小120年の歴史をまとめよう

かるたをつくろう

初めてかるたをつくるので、アドバイスがほしいということになりました。そこで、社会科で使った「相模原ふるさといろはかるた」を制作した市民学芸員の方に話を聞く機会を設けました。かるたづくりの際に気を付けるべき点や大変さを知り、真剣さを高めていきました。

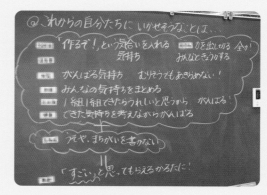

その後、ピラミッドチャートを使い、集まった情報を整理しながら、かるたの札に入れるべき内容を考えました。そして、グループに分かれて、読み札、絵札の制作をしました。5・7・5のリズムの中にうまく収まり、かつ、自分たちが伝えたいことに合う適切な言葉を見つけるため、国語辞典を活用したり、ウェビングマップを使って関連する言葉を考えたりしました。また、国語の話すこと・聞くことに関する単元と関連させ、自分たちがつくった札を紹介する動画を撮影し、旭小の子供たちや保護者に向けて公開しました。

読み札の内容に合う言葉がないか国語辞典で探してみよう。

絵札の参考になりそうな写真はないかな。アルバムを見返してみよう。

4 旭小120年の歴史を広めよう

かるた大会を開こう

　地域の印刷所にかるたの印刷を依頼し、購入を希望する家庭に販売したり、全クラスに配付したりしました。その後、１年間の学習のまとめとして、かるた大会を企画する活動に入りました。かるたで楽しく遊ぶことを通して旭小のことを知ってもらう、感謝の気持ちを伝えるなどの目的を意識しながら、プログラムを考えました。そして、かるたの制作に協力してくださった卒業生や市民学芸員の方、印刷所の方を招いたお礼を伝える会と、ペア学年である５年生を招いたかるた大会を開催しました。

お礼を伝える会（オンライン）

かるた大会

5 実践を終えて

《Ｓさんの振り返り》

　わたしは、一年間のそう合で、いろいろな力がついたと思います。たとえば、Ｆさんが言っていた自分の意見と比べる力は、みんなが発表した中で、自分と似ているなとか、こんな考えがあるのだなといっぱい知れました。あと、かるたを作っているときに、読み札では、文を考えるのがたいへんだったけど、卒業生にインタビューをしてすごくいい読み札ができたと思いました。そして、絵札もとても上手にかけたと思うので、そう合はいろんな授業がまざって、とても大切な授業なのだなと思いました。

　Ｓさんは、グループでの話し合いがうまく進まず悩んでいる時もありましたが、様々な場面での話し合い活動を通して、異なる意見や他者の意見を受け入れて尊重しようとする力を伸ばしました。また、「インタビュー」という情報収集の活動が、「かるたづくり」というまとめ・表現の活動の充実につながっていることや、様々な教科の資質・能力が関連していることにも気付くことができました。

旭小の歴史やよさを広める方法は、どれがよいだろう？（小単元3　3時間目）

旭小の情報がたくさん集まったけど、この後どうしていきたい？

5年生がやっていたクイズラリーをしたいな！とても楽しかったから。

国語の勉強でも出てきたポスターをつくってみたいな。

小さい子にも知ってもらえるように紙芝居はどうかな。

　子供たちの意見が分散していたため、条件と照らし合わせながら、より自分たちの目的に合ったものに決められるよう、条件に合った場合に進むことができるレース形式で話し合う授業を行いました。

【考える時に大事なこと】
・わくわくすること、楽しいこと
・ためになること、勉強になること
・3年生みんなでつくる意味があるもの

いろいろな人が旭小のことを勉強できる方法は、どれだろう？

クイズラリーは、学校にいる子供たちしかできないんじゃないかな。

かるたなら、家族みんなで楽しく学べそうだね。

それに、かるたなら何回も遊びながら学べるからいいと思う。

　それぞれのまとめ方のよさを比較して考え、「かるたをつくり、かるた大会を開こう」ということに決まりました。

《Kさんの振り返り》
　わたしは、クイズラリーがよかったのですが、みんなの意見や自分でしっかり考えて決めたので、よかったです。これから楽しいそう合になりそうです。

　この話し合いによって、目的に合ったまとめ方は、「かるた」であることを感じ、全員が納得したうえで次の活動に進むことができました。

「探究」って何をすればいいの？

1.「探究」とは？

「探究」とは、「なぜ？」から始まり、「物事の意義・本質を探って見極めようとすること」です。そして「探究的な学習」は「物事の本質を探り見極めようとする一連の知的営み」のことであり、探究的な見方・考え方を働かせ、よりよく課題を解決し、自己の生き方を考えていくための資質・能力を育成するのが「総合的な学習の時間」です。課題の設定→情報の収集→整理・分析→まとめ・表現の一連のサイクルを通して進められ、このサイクルが学習を進める中で複数回繰り返され、高まっていくことが重要です。

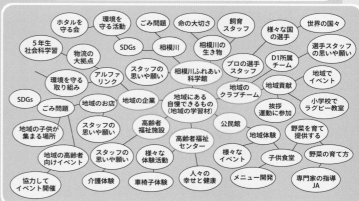

ウェビングマップ（P.69の実践）

2.「探究」を充実させるために

まず、私たちは探究する材を探す必要があり、その際にはウェビングマップが役に立ちます。様々な可能性を探り、学習を通して身に付けさせたい資質・能力や他教科等との関連を明確にしていきます（右表参照）。

次に、単元計画を立てます。1で示した「探究のサイクル」が繰り返される中で、資質・能力が高まり、新しい概念が形成されます。子供が本気で学ぶために必要感をもたせ、疑問や気付き、思いや願いを大切にしながら学習を進めていきます。その中で、時には、教師が指導・助言することも必要ですし、柔軟に計画を修正しながら進めることも大切です。話し合い活動など協働的な学びも取り入れながら新しい概念を身に付け、自らの生き方と結び付けていくことが探究の醍醐味です。

探究の過程	ポイント	・手立てや方法 ◎ポイント
課題の設定	生活や社会の諸問題と向き合い、自分（自分たち）で取り組むべき課題を見つける。	・生活や地域の実態調査 ・様々な体験活動 ・専門家との出会い ・SDGsから考える ◎問題点や予想とのずれに注目させる。
情報収集	課題を解決するために必要な情報を様々な方法を活用して自分（自分たち）で集める。	・現地調査・観察・実験 ・ネット検索　・SNS ・書籍や資料 ・インタビュー ・アンケート ◎集めた情報を蓄積する。 ◎ICTを積極的に活用。
整理・分析	集めた情報を整理（取捨選択、順序立てる）・分析（比較、分類、傾向の把握、因果関係）する。	・多角的に見る ・焦点化する　・比較する ・関係付ける　・関連付ける ・理由付ける　・見通す ◎思考スキルや思考ツールを活用すると効果的。
まとめ・表現	自分の意見や考えをまとめ、表現する。知識や考えが深まるようにする。新たな課題を発見（課題の更新）し、次の探究のサイクルにつなげる。	・振り返りを蓄積する。 ・制作物を通して広める。 ・SNSやYouTubeを利用した動画配信 ・学習発表会 ◎発表する際は相手を明確にする。

体も心も元気に！
4－2ハッピー体操

1．単元の構想

1 単元目標

オリジナルの体操をつくったり、その体操を地域で広めたりしてい
く活動を通して、体操の面白さや運動することの効果、高齢者の方の
健康に生きるための工夫や努力、地域の方の健康を支える人々の取組
のよさや思いに気付き、目的や対象に合わせた体の動かし方を考える。
それとともに、地域の人々のあたたかさ、現実社会の課題に対して地

6月・7月	9月・10月・11月・12月
小単元1（5時間）	小単元2（31時間）
総合の時間を始めよう	楽しくて健康になれる体操をつくろう
【課題の設定】 ・今年度取り組みたいことについて話し合う。 【情報の収集】 ・コロナで困っていることについて、街頭調査を行う。 【整理・分析】 ・アンケート結果を整理し、今年度取り組みたいことを決める。 【まとめ・表現】 ・目的実現のために必要な活動を考え、1年間の計画を立てる。	【課題の設定】 ・どんな体操をつくりたいか話し合う。 【情報の収集】 ・いろいろな体操を視聴し、やってみる。 【整理・分析】 ・「ラジオ体操」や「ハマトレ」の特徴を整理し、どのような効果があるのか調べる。 【情報の収集】 ・横浜市スポーツ協会のKさんに、ハマトレの動きや効果、体操のつくり方について教わる。 【整理・分析】 ・Kさんのお話を聞いて分かったこと、考えたことについて話し合う。 【まとめ・表現】 ・オリジナル体操に取り入れたい動きを考え、動きを組み合わせて体操をつくる。 【整理分析】 ・つくった体操をやってみて、成果と課題を話し合う。 【まとめ・表現】 ・動きがつながっているかという視点から、体操を改善する。

年間計画

域の一員として行動できた喜びを実感し、地域社会に積極的に関わりながら工夫して健康に過ごしていこうとすることができるようにする。

2 地域の元気な高齢者の方との継続的で多角的な関わり

地域のスポーツクラブ「弘明寺くらぶ」の高齢者の方々に、オリジナル体操を提案し、感想や助言をいただきながら体操を改善しました。子供たちが問いをもって「弘明寺くらぶ」の方々の元気の秘訣を探り、健康に生きるための工夫や努力を日々行っていることに気付けるように、「弘明寺くらぶ」の方と体操したり、インタビューしたり、スポーツをしたりする活動を単元に位置付けました。

3 健康体操の専門家との関わり

地域にあるスポーツセンターで様々な健康を支えるための取組をされている、「横浜市スポーツ協会」の方に協力していただきました。地域の方の健康を支える存在がいること、その方々の取組や思いのよさに触れることができるように、オリジナル体操への助言をいただいたり、取組や思いをインタビューしたりする活動を単元に位置付けました。

第2章

	1月・2月・3月
	小単元3（20時間）
	4－2ハッピー体操会を開こう
【情報の収集】 ・「弘明寺くらぶ」の方に体操を体験してもらい、感想やアドバイスをもらう。 【整理・分析】 ・参加者の様子やアンケート結果を整理し、問題を見出す。 【情報の収集】 ・高齢者の体の可動域や特徴についてKさんに教わる。 ・高齢者体験を行う。 【まとめ・表現】 ・高齢者にとって無理のない動きかという視点から、体操を改善する。 【情報の収集】 ・「弘明寺くらぶ」の方に体操を体験してもらい、感想やアドバイスをもらう。 ⇨P.87 クローズアップ45分！ ・「弘明寺くらぶ」の方の元気の秘訣についてインタビューする。 【整理・分析】 ・参加者の様子やアンケート結果を整理し、成果と課題を話し合う。 【まとめ・表現】 ・学びを振り返る。	【課題の設定】 ・どんな体操会にしたいか話し合う。 ・いつ・どこで・どのように実施するか決める。 【情報の収集】【まとめ・表現】 ・宣伝方法を考え、準備する。チラシを作成する。 ・オンライン体操会を実施する。 【整理・分析】 ・体操会を振り返り、参加者の様子やアンケート結果を基に成果と課題を分析し、運営面の問題と楽しんでもらうための関わり方についての問題を見出す。 【情報の収集】【まとめ・表現】 ・関わり方や体操の説明の仕方についての改善策を考える。 ・第2回体操会に向けて準備する。 ・第2～第4回オンライン体操会を実施する。 【整理・分析】 ・体操会を振り返り、参加者の様子やアンケート結果を基に成果と課題を分析する。 【まとめ・表現】 ・お世話になった方々へお礼の手紙を書く。 ・学びを振り返る。

２．単元の流れ

1　総合の時間を始めよう

今年度取り組みたいことについて話し合う

　コロナによる休校と分散登校明けの６月３週目、ようやく全員がそろったところで、今年度の総合の時間で取り組みたいことを話し合いました。すると、やはりコロナに関する問題意識が非常に強く、「自分たちに何かできることをやりたい」という思いが共有されました。

コロナで困っていることについて、街頭調査を行う

調査結果

街頭インタビュー

　まちの人たちは「運動不足」に困り感をもっていることが明らかになりました。子供たちは調査結果を基に自分たちに何ができそうかを話し合い、「運動不足を解消するオリジナル体操をつくる」という目標を設定しました。

2　楽しく健康になれる体操をつくろう

ハマトレを教わる

　横浜市スポーツ協会のＫさんに、「ハマトレ」の動きや効果、体操のつくり方について教わり、いろいろな体操を実際に行ってみました。その中でもラジオ体操とハマトレを比較し、その共通点を探ることで、子供たちは「全身の部位に効く」「次の動きに無理なく移行できる」「正しくやらないと効果がない」などの体操のポイントを捉えていきました。

ハマトレを教わる

1　子供の学びがつながる

取り入れたい動きを考え、動きを組み合わせて体操をつくる

　体操のポイントを学んだことで、どのような動きがよいか一人一人が何度も考えては試す姿が見られました。「応援団」や「バンザイ」など日常生活の中の動きを取り入れたり、「シュワッチ」「どすこい」などその子らしいアイデアを生かしたりしながら、新しい動きが次々と生み出されていきました。

つくった体操をやってみて、成果と課題を話し合う

　1代目のオリジナル体操が、目標に合った体操になっているか分析すると、「効果のある部位に偏りがある」「動きにつながりがなくてやりにくい」という課題が見つかりました。専門家の助言もいただきながら体操を改善し、2代目のオリジナル体操が完成しました。

専門家の助言

体操体験会で感想やアドバイスをもらう

　「自分たちとしては完璧だと思うけど、高齢者の方にとってよい体操になっているか知りたい」という問題意識が生まれ、体操体験会を行うことになりました。高齢者にとって難しい動きが多いことが分かり、子供たちは、高齢者は体のどの部分が動きにくいのか知りたい、そのうえで改善したいという思いをもちました。

5 地域と
　 つながる

高齢者体験を行う

　体のあちこちにおもりをつけ、実際にオリジナル体操をやってみると、「ひざが曲げにくい！」「大きく肩を回すのも大変だ」と、高齢者の体の動かしにくさを体感している様子が見られました。これらの体験や分析を基に、「高齢者にとって無理のない動きになっているか」という視点から、体操を改善しました。

高齢者体験

「弘明寺くらぶ」の方の元気の秘訣についてインタビューする

　体操会やグラウンド・ゴルフの交流を通して、「80歳なのに、どうしてあんなに元気なのかな」という問いをもち、元気の秘訣についてインタビューをしました。そして、「Tさんは、毎日1万歩歩いて、ラジオ体操をしている」など、一人一人の様々な工夫や生き方に触れることができました。「弘明寺くらぶ」の方と何度も関わる中で、健康で楽しそうに生きているSさんに憧れをもったKさんは、「Sさんはすごいな。ぼくもあんなおじいちゃんになりたい」と語りました。

3　4-2ハッピー体操会を開こう

6 社会と
　 つながる

体操会を実施する

　「完成したハッピー体操をたくさんの人にやってもらいたい」という思いをもち、チラシを作成して体操会の準備を進めました。

ICTの活用

　緊急事態宣言が発出されたため、対面ではなくZoomを活用してオンライン体操会を4回実施しました。合計約200名の参加がありました。

チラシ

オンライン体操会

《Tさんの振り返り》
　参加者からも、「すっきりした」「効果があった」と言ってもらったし、「またやりたい」との声がたくさんあったので、ハッピー体操会を作ってきて本当によかったと思いました。ぼくは、涙目になっているところがあったので、そこを改善したいです。なぜ涙目になってしまったかというと、ようやくこの日が来て、成功したからです。

　Tさんは願いを実現できたことで大きな達成感を得たことが分かります。活動に確かな手応えがあることが、次の学びへの原動力となります。

4　実践を終えて

学びを振り返る

9　自分の心と
　つながる

Tさん：最初はただ動けば健康になれると思っていたけど、健康になれる動きじゃないと効果が少ないっていうことが分かった。 Rさん：地域のことで知らなかったことがいっぱいあった。地区センターにKさんがいることも知らなかった。ぼくたちのことを助けてくれて、いい人がいっぱいいるんだなって思った。 Nさん：4−2のみんなはすごく健康だと思う。毎日ハッピー体操をしているし、たくさん外で遊ぶようになったから。 Yさん：続けるってことが難しいんだと思う。なかなかできないよね。でも「弘明寺くらぶ」さんみたいに、続けたら健康になれる。 Mさん：健康って、簡単じゃないよね。

　子供たちの語りからは、地域の方からのあたたかい協力への感謝、健康に対する見方の変容を見て取ることができます。地域の方や専門家との継続的な関わりの中で、健康に生きることのよさを感じ、朝のラジオ体操会やスポーツセンターが開催する健康イベントに参加するようになったり、6年生になった今も、朝の会でハッピー体操を続けたりするなど、自分の生活を豊かに創造する子供の姿が見られました。

体操体験会を開こう （小単元2 23時間目）

体操体験会

2 子供と子供の学びが
つながる

　ハッピー体操ができ上がり、初めて「弘明寺くらぶ」の方にやっていただきました。子供たちは「楽しく健康になれる体操になっていたか」について、アンケートや体操会の様子を基に話し合っています。

楽しく健康になれる体操になっていたかな？

Mさん：改善したほうがいい動きなんだけど、マッスル弓矢とフラ回しで、フラ回しはWさんは77歳であまり大きく腰を回せなくて効果が感じられないって言うのと、マッスル弓矢は手が届かなくて、背中が痛い、難しいと言っていました。

Lさん：マッスル弓矢で、おなかを見る時に首が痛い感じで困っていたから難しいと思う。

Kさん：写真を見ると首も曲がってないし、猫背をやってないし、手をくっつけたままやってるから、正しく体操できてない。

Tさん：そもそも、そこまで動かせない。猫背にできない。無理にしたらけがしちゃうかも知れない。マッスル弓矢は、KさんとOさんが体が硬くてできないから難しいと思う。

担任：マッスル弓矢は変えたほうがいいかな？

Mさん：猫背改善のためにつくったんだから、あったほうがいい。

Uさん：でも、無理してやると逆に悪くなっちゃうから、自分ができるところまでやるのがいいと思う。

Sさん：私も人それぞれでやったほうがいいと思う。もし痛くて体壊しちゃったら大変だし、人それぞれでやったほうが自分の体に合わせられるからいいと思います。

　高齢者の様子をよく観察し、「弘明寺くらぶ」の方の気持ちや体の状態に寄り添って解決策を考える姿が見られました。高齢者の体は自分たちよりも可動域が狭く動かしづらいこと、人によって肩や腰など動かしづらい箇所が違うことを捉え、「体の動かしやすさは人によって違うから、自分の体に合わせて無理のない動きにできるようにしよう」と結論を出しています。高齢者を中心とした他者への理解が深まり、体操の改善の方向性を見出せた45分でした。

第2章

みんなが 幸せになるために

SDGs3番「福祉と健康」

1. 単元の構想

1 単元目標

SDGs 3番「福祉と健康」について活動している人と関わったり、様々な角度から福祉に関する体験をしたりすることを通して、福祉の大切さを知るとともに、福祉が自分たちを含めた社会問題であることに気付き、よりよい福祉の実現や、SDGsの達成に向けた課題解決方法を

	4月	5月	6月	7月	8月・9月	10月
年間計画	小単元1（10時間） 福祉について調べよう 【導入】 ・カードゲームを通じて、SDGsに興味・関心をもつ。 【課題の設定】 ・17の目標のうち、自分たちに一番身近なものを考える。 【情報の収集】 ・本やインターネットなどで調べる。 ・調べたことを基にして、校内にある福祉を探す。 【整理・分析】 ・調べた情報と、実際に校内で見つけた福祉をつなぎ合わせて分析する。 【まとめ・表現】 ・福祉を自分たちの言葉で定義する。 ・調べたことを基に、活動計画を立てる。		小単元2（16時間） 福祉×スポーツ　パラスポーツやニュースポーツに挑戦しよう 【課題の設定】 ・パラスポーツやニュースポーツをやってみて、工夫を探す。 【情報の収集】 ・ルールや道具の入手方法について調べる。 ・実際に体験する。 【整理・分析】 ・パラスポーツとニュースポーツの共通点と相違点を洗い出し、それぞれのよさや考え方について分析する。 【まとめ・表現】 ・オリジナルニュースポーツを考え、実際にやりながら行い方を工夫し、完成させる。		小単元3（18時間） 福祉×障害 障害について詳しくなろう 【課題の設定】 ・障害のある方の困っていることを知る。 ・自分たちにできることを考える。 【情報の収集】 ・身体障害のある方やパラアーティストの方、サポートをしている人から話を聞く。 ・目隠しや車椅子などを使い、障害のある生活や、そのサポートを体験する。 【整理・分析】 ・それぞれの障害について整理し、自分たちの生活やまちづくりとつなげて分析する。 【まとめ・表現】 ・自分たちにできることをまとめる。 ・だれもが暮らしやすいまちづくりのために、相模原市に伝えたいことをまとめる。	

工夫し、相手や目的に応じてまとめたり表現したりすることができる
ようにする。

2 SDGsを入り口にする

SDGsの視点をもつことで他教科や生活との関連を意識し、テーマ
への理解を深められると考えました。そこで、SGDsとの出会いとして、
市役所のKさんを招いてカードゲームをしてもらい、興味をもてるよ
うにしました。そこから、17の目標の中でも身近な、「健康と福祉」
から問題を探し出せるよう計画しました。

3 福祉を多面的に捉える

福祉は弱者救済のイメージが強いですが、本単元で目指す「福祉」
の捉えは「すべての人が持続可能に幸せに暮らす」というものです。
この極めて広いテーマに迫るためには、様々な角度から福祉と関わり、
考え、学んだことをつなげていく必要があると考えました。多面的に
福祉を理解することで自分事にできるように単元計画を立てました。

11月	12月	1月	2月	3月
小単元4（8時間）		小単元5（18時間）		
福祉×SDGs 持続可能な福祉について考えよう		福祉の大切さをたくさんの人に伝えよう		
【課題の設定】 ・市役所の方の話をきっかけに、限られた税金の中で持続可能な福祉を実現する方法について考える。 ⇨P.94 クローズアップ45分！ 【情報の収集】 ・SDGsについて活動している方から話を聞く。 ・これまでの活動を振り返り、それぞれの活動で自分たちが気付いたことや考えたことを洗い出す。 【整理・分析】 ・振り返った情報を基に現状の問題点を分析し、解決方法について考える。 ・SDGs3番と、他のSDGsの目標とのつながりを分析する。 【まとめ・表現】 ・持続可能な福祉の実現に向けて、伝えていきたいことを大まかにまとめる。		【課題の設定】 ・より多くの人に、福祉の大切さやよさ、楽しさを伝える方法を考え、計画・実行する。 【情報収集】 ・どのような伝え方があるのかを調べる。 ・これまでの体験の中から、伝えたいことを洗い出す。 【整理・分析】 ・伝えたいことを整理し、適した伝え方について考える。 【まとめ・表現】 ・保護者や地域の方を招いて「体験型福祉イベント」を開催する。 ・オリジナル福祉カレンダーを作成する。		

2．単元の流れ

1　福祉について調べよう

調べてみよう

　子供たちが調べてみたところ、「障害者福祉や高齢者福祉」についての細かい情報か、「福祉はみんなの幸せのためにある」といった説明が多く、情報が二極化していました。子供たちは、パソコンや本で調べるだけでは分からないため、支援級の先生に話を聞くことにしました。

みんなが幸せになるためのものだってさ。

教室の福祉カレンダーには障害やお年寄りに関することが多く書かれているよ。

学校で、福祉とか障害とかに詳しいのはだれかな？

支援級の先生に聞いてみよう

説明する支援級の先生

　支援級の先生から、一人一人に合わせた勉強の進め方や、使う道具を工夫する「配慮」を大切にしていることを教えてもらいました。また、「配慮は学校にたくさんあるよ」と次の活動の動機付けをしてもらいました。

配慮を探しに行こう

　校内を探すと、子供たちは数多くの「配慮」を見つけました。それらは安全や使いやすさのためにあり、自分たちのためであることに気が付きました。また、支援級教室にボッチャの用具を見えるように置いておき、子供たちが発見することで、次の活動へとつながるようにしました。

安全マット

絵で説明する工夫

ボッチャのボールを発見！

2　福祉×スポーツに挑戦しよう

パラスポーツ・ニュースポーツ体験

　動画でルールを確認したり、SGDsカードゲームをしてくれた市役所のKさんに道具を借りたりしながら、ボッチャ、ゴールボール、ディスクゴルフ、ショートテニスの4つのスポーツに取り組みました。

ボッチャ

投げ方に慣れれば、簡単にゴールに近付けられるね。

手で投げられなくても参加できるんだね。

ディスクゴルフ

自分たちでニュースポーツをつくろう！

　体験を通して、ニュースポーツ、パラスポーツのよさを知った子供たちは、自分たちでもニュースポーツをつくれるのではないかと考えました。そこで、体験を基にして、自分たちの目指すニュースポーツの条件を①障害がある人や小さな子やお年寄りもいっしょに楽しめる、②ルールが簡単、③安全、と決め、いくつかのオリジナルニュースポーツを開発しました。

目隠し歩き競走

危なくないように、声で指示を出すサポーターと2人1組にしよう！

慣れると簡単で面白くないなぁ。

サポーターの声を、「右・左・ストップ」の3つに限定しようよ。

やる人に合わせて、カラーコーンの数とか置き方を変えたらどう？

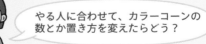

《Kさんの振り返り》
　ニュースポーツとしていいやつもあれば、悪いやつもありました。でも、少し工夫すればどんな人とでも楽しめることが分かりました。ルールを全員同じにするのではなく、やる人に応じて変えていくほうが、公平なスポーツと言えると思います。

第2章

3　福祉×障害について詳しくなろう

5 地域と
つながる

身体障害のある方と交流・支援体験をする

　「障害のある方から話を聞きたい」という子供たちの願いから、障害者社会参加推進センターの方に、視覚障害と聴覚障害について日常生活で困ることや支援してほしい時とその方法について教わりました。その後には自分たちで体験を繰り返し、理解を深めていきました。また、障害者社会参加推進センターのSさんから「活動資金が足りない」と聞き、子供たちは「相模原市は福祉にお金を使っているのか？」という新たな疑問をもちました。

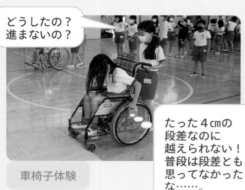

> どうしたの？
> 進まないの？

> たった4cmの
> 段差なのに
> 越えられない！
> 普段は段差とも
> 思ってなかった
> な……。

車椅子体験

視覚障害体験

> 目隠しするよりも、誘導する
> ほうが怖いな。命を預かる感じ。

4　福祉×SDGsについて考えよう

4 教科の学びが
つながる

市役所のKさんに聞く

　疑問を解決するために、市役所のKさんに聞いてみることにしました。

市役所のKさん

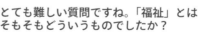

> 相模原市は福祉にどれくらい
> お金を使っているんですか？

> とても難しい質問ですね。「福祉」とは
> そもそもどういうものでしたか？

> 「みんな」が幸せに
> 生活できるようにする取組や
> 仕組みのことだったよね。

　子供たちは社会科の学習とつなげて、「公共事業は市民のためだから、税金はすべて福祉に使われているとも言える」と結論付けました。さらにKさんは「限られた税金の中でどうすればいいか考えてみよう。SDGsで大切なことは『持続可能なこと』だよ」と問いかけてくれました。

環境活動家Sさんと交流する

　子供たちは持続可能な福祉について話し合ったものの、自分たちの考えに自信がもてずにいました。そこで、子供たちはSDGsに詳しい人を探したところ、環境活動家のSさんを知り、話を聞くことにしました。

> 福祉が自分に関係のある大切なことだって、みんなに伝えたいです。

> 自分のこととして考えるのはとても大切なことだね。でも、みんなは勉強が大切と分かっているけど、全部を持続できている？

> 好きなのは楽しいから自分からやっているけど、苦手なのは……。

> その通り！「楽しい」ことは続けられるし、嫌なことは続けられないんだよ。

環境活動家
Sさん

　Sさんの言葉を聞き、この後、子供たちは「福祉が楽しいもので、自分事であることを伝える体験型イベント」を開催したり、福祉カレンダーをつくったりして、学習のまとめとしました。

ICTの活用

　福祉カレンダーをタブレット端末で共同編集しながらつくりました。ICTを使うことで個別作業にならず、協働的に活動できました。

5　実践を終えて

9　自分の心と
　　つながる

《Mさんの振り返り》

　私は「福祉は自分に関係が無い」と思っていましたが考えが変わりました。クラスのみんなが言った「全ての人」という言葉に胸をうたれたからです。「一人残らず幸せにする」という強い気持ちが大切だと思いました。また、SDGsは難しいからできることは無いと思い込んでいましたが、一人一人の小さな力が世界の様々な問題を解決すると分かりました。クラスのみんなで諦めることなく、総合に熱心に取り組んだからこそ、たくさんのことを学べました。大人になってもこのことを忘れずに、自分から学んでいきたいです。

　Mさんは様々な体験や、人との関わりを通じて福祉を多面的に捉え、自分の変容を実感することができました。また、他者と協働しながら探究した成果を感じ、これからの生活に生かそうという意欲をもつことができました。1つのテーマに多面的にアプローチすることで、子供たちの学びも多面的になり、深まっていくことを感じました。

クローズアップ **45**分!

「持続可能な福祉」はどうすれば実現する?
（小単元4　2時間目）

　Kさんの問いを受け、話し合ったところ、様々な意見が出たものの、それらが現実的かどうかという点で話が行き詰まりました。

そもそも、今の世の中で福祉が十分に行き届いていないのはどうしてだろうね?

町や駅のつくりが「みんな」に使いやすいものじゃないからだと思う。

でも、税金には限りがあるから全部直すのは無理だよね。一人一人が助け合うことが大切なんだよ。そうすればお金もかからないし。

グループでの話し合い

　「一人一人が助け合えばお金は少なくてすむ」と考えた子供たちは、どうして助け合いの輪が広がっていかないのか考え始めました。

福祉の大切さに気付いていない人が多いんじゃない?

そもそも福祉が何なのか知らない人も多いかもしれないね。

言葉は知っていても「障害者のため」と思っている人はたくさんいそう。

それなら、「福祉は自分事」ってことをたくさんの人に伝えて、分かってもらえたらいいんだよ!

担任：みんなで学んだ大切なことだね。でもそれを伝えるだけで本当に「持続可能」になるかな?　ずっと続けていくためにもっと必要なことはないのかな?
Iさん：自分たちだけじゃよく分からないなぁ。SDGsの活動をしている人にどんなことをしてるか聞いてみたいな。
Oさん：活動している人を探して、連絡してみようよ!

　この話し合いによって子供たちは、「福祉は自分事」という自分たちの学びに立ち返り、価値を再確認し、その後の活動を切り拓いていきました。

本物とつながろう❶
～学校の中はプロフェッショナルがいっぱい～

1. なぜ、本物（プロフェッショナル）とつながるの？

　子供たちが活動を進めていく中で壁にぶつかった時に、壁を乗り越えるためのヒントやきっかけとなる存在として「プロフェッショナル」との関わりが有効です。専門的な知識や経験をもった人にくり返し関わることによって、情報を得るだけでなく、その人の考え方や生き方に触れ、それまで以上に課題に対して深く考えながら活動することにつながります。

2. 本物（プロフェッショナル）は身近なところにも！

「プロフェッショナル」は、世の中にたくさんいます。実は、学校内にもたくさんいるのです。

校内のプロフェッショナルの例

学校の中には、様々な分野で専門性が高い方がたくさんいます。小学校教諭免許以外にも、中高の免許を持っている先生や転職をして小学校の先生として勤務している方もいるので、積極的に声をかけ、「学習協力者」として子供たちの学びを深めていきましょう。

3. 学校の中のプロフェッショナルと関わる3つのメリット

① 何度も関わることができる	② 課題を身近に感じやすい	③ 子供たちのことをよく知っている
・学校にいるため、学習時間の都合がつけやすい。 ・事前の打ち合わせもしやすい。	・課題と子供たちとをつなげやすい。 ・子供たちが自分事として課題を捉えやすい。 ・質問しやすい。	・日常的に子供たちと関わっているため、子供たちへの伝え方や活動方法など、子供たちの実態に合った支援ができる。

地域のものを食べる仲間のWAを広げよう

1．単元の構想

1 単元目標

　米づくりや地産地消メニューづくり、そのメニューを宣伝する活動を通して、農家の人や食に関わる人々の思いや願い、地産地消の大切さを理解し、自分が住む地域の特色や持続可能な食について考えるとともに、自らの生活や行動に生かすことができるようにする。

	5月	6月	7月	8月・9月	10月
年間計画	小単元1（10時間）			小単元2（10時間）	
	米づくりにチャレンジ 米について調べよう			自分たちにできることを考えよう	
	【課題の設定】 ・地域の米づくりについて関心をもち、調べたいことを見つける。 【情報の収集】 ・米づくりの方法、田んぼの生き物、田んぼの周りの自然などについて調べる。 ・実際に体験したり、観察したりする。 【整理・分析】 ・各自が調べたことを共有し、米づくりや地域の自然や人のよさや大変さなどの共通点・相違点を見つける。 【まとめ・表現】 ・分かったことを報告書にまとめる。			【課題の設定】 ・データや農業従事者の方の話を聞き、自分たちが住む地域の農業や食の課題について知る。 ・地産地消の大切さについて知る。 【情報の収集】 ・地域のものを食べる仲間を増やす方法を調べ、アイデアを出し合う。 【整理・分析】 ・出し合ったアイデアについて、メリットやデメリットなど根拠を基に、地域のものを食べる仲間を増やすためにクラスで取り組む活動を決める。 【まとめ・表現】 ・自分たちにできることをまとめる。 ・地域のお店に協力を呼びかける。	

2　米づくりをきっかけにする

　　地域の農家の方が教えてくださり、長年続いている5年生の米づくり。しかし、私たちが住む地域でも、年々農家の数や米や野菜の収穫量が減っています。米づくりで年間を通して農家さんと関わることで、農業や地域への思いに触れることができるようにしました。また、自分自身で米を育てることにより、農作物への関心を高め、地域の「食」に関わる課題に向き合うことができるようにしました。

3　切実な課題にするために工夫する

　　子供にとって「食」と言えば、「好き」か「嫌い」かが一番の問題ですが、本単元では子供自身が地産地消の大切さに気付き、その輪を広げていきたいと考えることが重要です。そこで、特に小単元と小単元のつなぎ目で、子供の課題意識が高まるように、地域のお店の方に出会わせたり、試食をしたり、体験ができるように単元計画を立てました。

　　例えば、小単元3の導入では、地産地消メニュー開発に協力してくれるお店の方との出会いを計画しました。協力者の思いに触れることで、「地域のものを食べてもらうために、いいメニューをつくりたい！」といった、子供の思いの高まりをねらいました。

11月	12月	1月	2月	3月
小単元3（15時間）		小単元4（10時間）		
地産地消メニューを開発しよう		地産地消メニューを伝えよう		
【課題の設定】 ・地産地消メニュー開発に向けて、協力してくれるお店の人と出会い、メニュー開発に必要な情報を確認する。 【情報の収集】 ・メニューの販売時期に合った、地域の作物について調べる。 ・地域の作物を使ったメニューを考える。 【整理・分析】 ・お店の方のアドバイスを基に、問題点を整理し、メニューを改善する。 ⇨P.101　クローズアップ45分！ 【まとめ・表現】 ・考えた地産地消メニューについて、お店の人に設計図を書いて伝える。		【課題の設定】 ・開発した地産地消メニューをたくさんの人に食べてもらうために、どんな宣伝方法が必要か考える。 【情報の収集】 ・どのように伝えればいいのか、アイデアを出し合う。 ・これまでの体験の中から、伝えたいことを洗い出す。 【整理・分析】 ・伝えたいことを整理し、適した伝え方を考える。 【まとめ・表現】 ・チラシやパンフレット、動画などにまとめ、宣伝する。		

２．単元の流れ

1　米づくりにチャレンジ　米について調べよう

米づくりをするか？　自己選択

　本校では、毎年５年生が米づくりを行っています。子供も当然、米づくりをすると思っていました。例年通り行う活動ではなく、改めて米づくりをしたいのか問い、子供の意思で米づくりを始めることで、意欲を引き出すことができました。

お米を育てて、みんなで食べたいよ。

米づくりをしたいなら、田んぼを使わせてもらえるようにお願いしないと……。

お願いしよう。そして、つくり方も調べよう。

社会科「未来を支える食料生産」と関連させる

　社会科では、教科書の資料とは別に、米づくりに協力してくれる地域の農家さんのインタビューを活用しました。農業の課題について「私たちの地域でも困っているのかな」と考えることができました。

4　教科の学びがつながる

未来を支える食料生産　資料1

Sさんの話
　麻っ子農園の代かきは、機械で1時間半。代かきで一番大変なのは平らにすること。土の様子を見ながら、何周もトラクターで回るんだ。平らにするのは技術がいる。でもまだ、はしの方は平らになっていないから。この後に手作業でとんぼを使ってならすんだよ。安全でおいしいお米を作るために、たくさん手をかけて時間をかけています。他にもたくさん工夫しながら、お米を育てています。

Zさんの話
　米作りで大変なのは、代かきや田植えという作業よりも、毎朝毎晩欠かさず水を入れたり、抜いたり状況を判断することです。タイミングは大事だ。いつ植えたらいいか、天気も見るし、気温も見なくてはいけない、苗の育ち具合も見なくてはいけない。そういう毎日の仕事が大変なんだ。でも、頑張っておいしいお米ができるととてもうれしい。だから、この仕事をやってるんだよ。

2　自分たちにできることを考えよう

地域の「食」の課題をつかむ

　農業従事者数と農作物の生産量の推移をグラフで示しました。社会科で学んだので、「従事者数と生産量は減っているだろう」と考えていた子供たちでしたが、実際に数値を見たことでその深刻さを再認識しました。さらに地域の農業法人の方から話を聞いたことで「どうにかしたい」という思いが高まり、「地域のものを食べる仲間のWAを広げよう」というテーマができました。

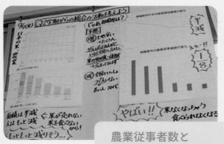

農業従事者数と農作物の生産量の推移

地域の農業法人の方

農業を始める人もいるが、すぐ辞めてしまう。農業で食べていくのは大変。とにかく、みんなに地域の野菜を食べてほしい!!

3　地産地消メニューを開発しよう

考えたメニューを提案！　そして失敗…

クラスを９つのチームに分け、３種類のメニュー開発に取り組みました。たくさんの人に食べてもらえるようにと一生懸命考えたメニューをお店の方に提案したところ、「このままでは、商品化することはできない」と返事をいただきました。子供たちは、大きな衝撃を受けた様子でした。しかしこの失敗体験があったからこそ、メニューを改善する必然性が生まれ、子供たちはメニュー開発にのめり込みました。

駅の近くの店だから、手軽に食べられるものがいいね。

メニューを考える子供たち

地産地消メニューを改善しよう

お店の方に、なぜこのままだと商品化できないのかを聞きました。すると、商品にするためには、手間やお店に合った調理方法、量、値段など多くの要素があることが分かりました。お店の方に来校してもらったり、メールでやりとりしたりしながら、メニューを改善していきました。

サンドイッチとピザで迷っています。

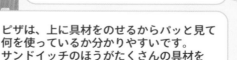
ピザは、上に具材をのせるからパッと見て何を使っているか分かりやすいです。サンドイッチのほうがたくさんの具材をはさむことができますよ。

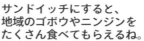
サンドイッチにすると、地域のゴボウやニンジンをたくさん食べてもらえるね。

5 地域とつながる

メニューの完成

子供たちが提案したメニューをお店の方が試作して、試食をさせてくださいました。試食をしたことで子供たちは大喜びでした。「宣伝して、たくさんの人に食べてもらいたい」という思いが強くなりました。

実現してうれしいな。食べてもらえるよう、宣伝するぞ。

試作品を見る子供

4　地産地消メニューを伝えよう

伝えたいことに合った宣伝活動

　　だれに何を伝えるための活動か、子供たちがそれぞれに考えました。ポスターやチラシ、動画、校内放送、パンフレットなど、自分の伝えたいことに合わせて方法を選びました。

> このポスターは、お客さんに来てもらうために地域に貼るポスターだから、お店の地図や住所を書かないといけないな。

ICTの活用

アンケート画面

　　Google Formsを活用したお客様アンケートを実施しました。販売前半、味に満足したという意見は多くありました。しかし、地産地消のよさが伝わったかという質問に対しての反応は芳しくありませんでした。そこで、後半では宣伝の方法を改善しようとする姿が見られました。

5　実践を終えて

9　自分の心とつながる

《Ｉさんの振り返り》

　　メニューを考えて食べてもらうためには、たくさんのことを考えて、特に値段は高すぎても買ってもらえないし、低くしすぎると出し続けるのがつらいので、使う物のことや出す日についてももっともっと考えなきゃいけないので、お店の人はたくさん考えなきゃいけないと思いました。モナの丘やMONJIはすごいと思うし、それだけでなく、いろいろな場所でやっている人がいるから、この世界には人のために頑張る人がたくさんいるから、その中の一人に私もなりたいです。

　　Ｉさんは様々な体験や人との関わりを通じて、食に対しての様々な見方を獲得しました。その中には、社会科で学んだ生産者・消費者という見方も含まれていて、教科と関連して学びの質が高まっています。また、地域の人々の生き方に触れ、これから自分も地域社会の一員としてがんばりたいという思いが芽生えました。

メニュー開発で最も大切なことは？
（小単元3　10時間目）

お店の人から「このままでは商品化できない」と言われた後、提案したメニューには様々な課題があることに気付きました。値段、量、調理方法、手間や時間。一番大切なことは何なのかを考えることにしました。

デザートチームで一番の問題は、パフェにしたら3種類のイチゴが混ざってしまうことだと思う。

せっかく「桃薫」っていう桃の香りがするイチゴなのに、混ぜちゃったら、桃の香りが分からなくなっちゃうってことじゃないかな？

3種類あるイチゴに生クリームとかをのせると、全部混ざって「普通のイチゴ」になっちゃうよ。つまり、イチゴ本来の味を楽しんでもらうことが大切ってことだね。

地域のものをおいしいって食べてもらえるから買ってもらえて、地域のものを食べる仲間が増えるんだ！

　クラスで話し合ううちに、デザートチームの大切な課題が明らかになってきました。担任が「他のチームで、似ていることはあるかな？」と問いかけると、他のチームの子供が話し始めました。

他のチームでも、ケチャップを使ったらおいしくなったって言っていたけど、トッピングでおいしいのは意味が違うと思うな。

　この話し合いによって子供たちは、目的を再確認し、どのチームも「地域の作物のよさを生かし、それが食べた人に伝わるようなメニューづくり」が大切なのだと気付きました。子供たちが新たな見方を獲得した瞬間でした。

地域のものの味を生かすっていうのは、どのチームにも言える大切な問題だと思う。

5年 総合

築き上げてきたことを次の世代へ

海老名の農業

1. 単元の構想

1 単元目標

地域の稲作農家の人々や農地を管理する人たちと関わり、田んぼのよさを伝える活動を通して、海老名のまちづくりと稲作との深い関係を理解し、まちのよりよい発展のために自分たちができることを考え、そのあり方について考えをもつ。そしてそれを自らの生活や行動に生かすことができるようにする。

年間計画

4月	5月	6月	7月	8月・9月	10月	
小単元１（20時間）				小単元２（40時間）		
農業について調べよう				稲作農業の大切さを伝え、		
【導入】 ・田植え体験をする。 【課題の設定】 ・田植え体験を振り返り、自分たちのまちの農業について知りたいという思いをもつ。 【情報の収集】 ・農業について本やインターネットで調べる。 ・自分たちのまちの農業について調べる。 ・地元の農家の方にインタビューする。 【整理・分析】 ・社会科で学習したデータと地元のデータとを比較したり、農家の方へインタビューした結果を整理したりして、まちの変化について分析する。 【まとめ・表現】 ・分かったことをレポートにまとめる。				【課題の設定】 ・レポートを振り返り、農業の大切さを次世代につなぐという課題を設定する。 ・農業の大切さを伝える方法について見通しをもつ。 【情報の収集】 ・絵本やパンフレットなど、それぞれの表現方法の特質について調べる。 【整理・分析】 ・伝える対象や内容を整理し、十分に伝わるかその効果について分析する。 【まとめ・表現】 ・伝える方法を絵本に決定する。		

2 地域の農家の方との**稲作体験**を土台に単元を計画する

　海老名は目の前に田んぼが広がる地域ですが、開発が進む地域も多く、子供たちは農業に対する関心が高くありません。そこで地域の農家の方との稲作体験を土台とし、農業が身近な問題になるようにしました。そして、農家の方へのインタビューなどを通し、社会科で学習した農業のことと、自分たちのまちの農業とを関連させることで、関心を高めました。

3 まちづくりについて多面的、相互的に捉える

　海老名には、古来まちづくりの中心であった農業の立場と「より暮らしやすいまちへ」という開発の立場がありますが、両者は対立するものではありません。互いに関わり合いながら、自分たちのまちをどのようにつくっていきたいのかを考えられるようにするため、農家の方の思いや願いと自分たちの問題がつながるように単元計画を立てました。

	11月	12月	1月	2月	3月
			小単元3（10時間）		
	次の世代につなごう		これからのまちづくりについて考えよう		
		【課題の設定】 ・だれにどのような内容を伝えるのがよいのか考える必要性に気付く。 【情報の収集】 ・伝える対象を考えながら足りない情報について資料で調べたり、農家の方にインタビューをしたりする。 【整理・分析】 ・伝える対象に合わせて集めた情報を整理し、取捨選択をする。 ・農家の方にアドバイスをもらいながら修正を繰り返す。 ⇨P.108　クローズアップ45分！ 【まとめ・表現】 ・調べたことを絵本や本にまとめる。 ・完成した本を市立図書館に展示する。	【課題の設定】 ・市長に提言する内容を考えるための見通しをもつ。 【情報の収集】 ・これまで学んだり考えたりしてきた、「農業」や「まちづくり」についての考えを出し合う。 【整理・分析】 ・「農業とまちづくりの両立」をテーマに市長に伝えたいことを整理する。 【まとめ・表現】 ・パワーポイントを使って市長にプレゼンテーションを行う。		

２．単元の流れ

1　農業について調べよう

田植え体験をする

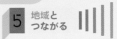
5　地域と
つながる

　地元の農家の方に田植えを教えてもらいました。初めて入る田んぼに戸惑いながらも、田植えを楽しみました。また田んぼにいる生き物についても教えてもらいながら、田んぼの生き物探しをしました。

1列に並んで

足が沈む…

いたぞ！

田植え体験

生き物探し

自分たちのまちの農業で起きていることを知る

4　教科の学びが
つながる

　社会科で日本の農業について学習しました。その中で知った米の生産量や消費量の減少、後継者問題などの課題が、自分たちのまちの農業にも起きているのかについて疑問に思い、資料で調べてみることにしました。

やっぱり
減っているね。

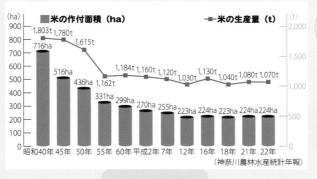

農家さんは
どうして田んぼを
手放したのだろう。

この50年の間に
まちに何が
起こったのだろう。

地元の統計資料

農家の方にインタビューする

　資料を見て疑問に思ったことを質問にまとめ、農家のＡさんにインタビューしました。

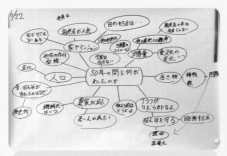

質問を考えた際のウェビングマップ

田んぼが急に減ったのはなぜですか？

田んぼだったところに住宅や学校が建ったのです。

地元農家のＡさんとの交流

　Ａさんは急激に変化したまちの様子や農業の大切さについて教えてくれました。そして子供たちに「農業のことを忘れないでほしい」「みんなで郷土を守ってほしい」と伝えてくれました。この言葉が次の活動へのキーワードとなりました。

農業のことを伝えたいという思いをもつ

　農家のＡさんの願いに応え、自分たちができることを見通すために分かったことをレポートにまとめました。

子供たちのレポート

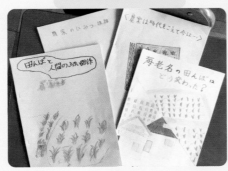

レポートのまとめ

《Ｕさんのまとめ》

　（略）話をきいた農家さんは「農業のことを知ってほしい」「忘れないでほしい」「力を合わせて郷土を守る」などと言っていた。昔の海老名より人口がふえ、栄えている今の海老名。くらしやすいとは思うけれど、農家さんの願いや思いもしっかりと受け止めてほしいと思う。

2　稲作農業の大切さを伝え、次の世代につなごう

本に載せる内容を考える

　田んぼのよさ、農業の大切さを伝えるために本をつくることになりました。みんなで内容を検討し、子供向けの本は田んぼの生き物やお米のおいしさなどを中心にし、大人向けの本はまちの歴史や農業の課題などを中心にしてつくりました。

【内容を検討するクラゲチャート】

子供向け：米

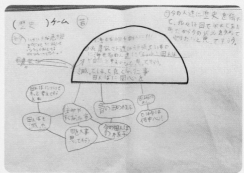

大人向け：歴史

地元の農家Tさんにアドバイスをもらう

農家のTさんに本の試作品を見せてアドバイスをもらいました。

君たちはどのように田んぼや農業と関わっていこうとしているのか。
今の海老名と農業をどう両立していけばいいのか。
未来に生きる君たちだからこそのページがほしいです。
夢でもいいから考えてほしいです。

難しいな。
自分たちに
できるのかな。

でも、Aさんも
「みんなで郷土を守ってほしい」
って言ってたね。

今の海老名も、昔の海老名も
大事だよね。

　子供たちは農家のTさんのアドバイスをきっかけに、課題がより自分事となるとともに、私たちが今の海老名（住みやすくて便利なまち）と昔の海老名（農業中心のまち）をつないでいこうという意識が生まれ、本の中に反映させていきました。

完成した本を図書館に展示する

まちづくりについて「未来に生きる私たちだからこそ」できることを考えたページを加え、図書館に展示しました。

自分たちとの関わりのページ

展示された本

3　これからのまちづくりについて考えよう

市長へ提言する

市の総合教育会議の場でまちの農業について市長に提言することになりました。市長に伝えるならどのような内容がよいのかを話し合い、パワーポイントにまとめました。

ICTの活用

iPadを使ってパワーポイントで市長に提言しました。ICTを活用したことで、みんなで話し合った内容や資料を何度も更新でき、納得のいくものができました。

4　実践を終えて

《Uさんの振り返り》

　農業についてなんてこんなに考えたことはなかったなと思う。（略）農家のAさんたちの話を聞いたりして私たちがやらなければいけないんだと思うようになった。だからたくさんの人に発信できる方法もみんなで考えてそれを形にできた。AさんやTさんが農業の「今」、海老名のまちの「今」の事実を教えてくれてこれはムダにできないと思えた。おかげで自分のチームも他のチームもクオリティの高い本が作れた。市長に提言できることになった。

　Uさんは稲作体験や、地元の農家さんへのインタビューなどを通じて農家さんの願いを自分たちの課題として捉えることができました。これからのまちづくりに自分がどのように関わっていくのかを考えることを通して、探究のサイクルの質を上げていくことができました。

第2章

クローズアップ　45分

未来のまちづくりに自分たちはどう関わる？
（小単元２　27時間目）

　本の試作品について農家のＴさんの「未来に生きていくみんなだからこそ…夢でもいいから考えてほしい」というアドバイスを受けて話し合うことで、まちづくりは自分たちの問題でもあるという認識をもてるようにすることをねらいとしました。

7 未来とつながる

大変、大変ばっかりでいいのかな？

よく見るとつまんない題名だ。

いいイメージに変えないといけないよね。

なんか他人事にも聞こえてしまうね。

グループでの話し合い

　さらに、自分たちだからこその考えを引き出すために、Ｔさんの言葉をもう一度考える時間を取りました。

私たちがやらなきゃいけないんだ。

Ｔさんは「未来に生きていくみんなだからこそ、夢でもいいから考えてもらいたい」と言っていました。どういう意味かな？

稲作体験のスタッフに自分たちがなるのはどうかな。

すごろくをつくって、海老名の歴史を伝えるのもいいんじゃないかな。

農業と関わりの深い祭りを盛り上げて、農業と地域の若い人をつなげていこう。

私たちが農家の人の気持ちを伝える側になりたい。

　この話し合いを通して、これからのまちづくりは自分たちの課題でもあるという認識をもつようになり、地域の行事への参加に対する意欲も高められました。

本物とつながろう❷
～学校の外で地域・社会とつながる～

1. どうして学校の外に出るの？

　column 6「本物とつながろう①」（P.95参照）でも述べたように本物とつながることはとても大切です。外部人材は校内の人材よりも専門性が高く、その方ならではの思いや願いに触れることもできます。では、学校の外にはどんな人たちがいて、どんな活動ができるのでしょうか。事例と合わせて見ていきましょう。

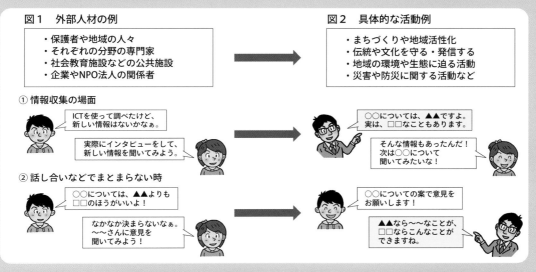

図1　外部人材の例
- 保護者や地域の人々
- それぞれの分野の専門家
- 社会教育施設などの公共施設
- 企業やNPO法人の関係者

図2　具体的な活動例
- まちづくりや地域活性化
- 伝統や文化を守る・発信する
- 地域の環境や生態に迫る活動
- 災害や防災に関する活動など

① 情報収集の場面

ICTを使って調べたけど、新しい情報はないかなぁ。

実際にインタビューをして、新しい情報を聞いてみよう。

○○については、▲▲ですよ。実は、□□なこともあります。

そんな情報もあったんだ！次は○○について聞いてみたいな！

② 話し合いなどでまとまらない時

○○については、▲▲よりも□□のほうがいいよ！

なかなか決まらないなぁ。～～さんに意見を聞いてみよう！

○○についての案で意見をお願いします！

▲▲なら～～なことが、□□ならこんなことができますね。

　以上のように、様々な場面で外部人材との関わりをもつことは可能です。繰り返し関わることで子供たちから必要な局面で外部人材の名前が挙がることもあるでしょう。教師側が見通しをもち、適宜協力してもらいながら、授業の展開をしていきましょう。

2. 学校の外にいる「本物（プロフェッショナル）」と出会うためには？

　学校の外に出て、連携を図るには様々な準備が必要です。実際に活動を行うまでに必要な手順は次の通りです。

① 学習に適した本物（プロフェッショナル）を探す
② 情報の取り扱いを確認する
　⇒子供の氏名や写真、学校の情報、協力者の情報などの扱いを事前に管理職に確認する。
③ 打ち合わせを行う
　⇒学習のねらいや役割分担、育成を目指す資質・能力などを明確にし、できること・できないことを踏まえ、具体的な活動をすり合わせる。

　このような手順を踏まえたうえで、管理職や担当の教師と確認を行い、外部人材との友好的な関係を築き、学習の充実を目指しましょう。

い草の魅力を通して、みんなを笑顔にしよう

6年 総合

1．単元の構想

1 単元目標

「まちの人を笑顔にしたい」という夢の実現に向けて、畳職人のY さんと協働し「い草グッズ」をつくる活動を通して、Yさんの思いや 願いを知るとともに探究的な活動の価値を実感できるようにする。ま た、い草の魅力や自分たちが暮らすまちの魅力を考えたり、人々のつ

	4月	5月	6月	7月	8月・9月
年間計画	小単元1（15時間）		小単元2（20時間）		
	総合を立ち上げよう		い草の魅力を見つけよう		
	【導入】 ・これまでの総合を振り返り、今年度の総合で実現したい夢を設定する。 【課題の設定】 ・夢の実現に合った学習材を見つけ、総合を立ち上げる。 【情報の収集】 ・今年度の総合の材を見つけるためにまち探検をする。 【整理・分析】 ・「い草（畳）」と「ガラス細工」のどちらが自分たちの夢の実現に合っているか話し合う。 【まとめ・表現】 ・「い草」で夢を実現するための学習計画を立てる。		【課題の設定】 ・い草の魅力を見つける。 【情報の収集】 ・Yさんからいただいたい草を編んでみる。 ・Yさんからい草の魅力や畳づくりへの思いを教えていただく。 【整理・分析】 ・実際に触れたり、Yさんから教えていただいたりして感じた魅力を伝え合う。 【まとめ・表現】 ・「いろいろなものがつくれる（編める）」「集中力が高まる。抗菌効果がある」「大昔から使われている」という魅力を生かして、「い草グッズ」をつくる計画を立てる。		

ながりがあることで笑顔がある地域社会が構築されていることに気付いたりすることで、これからも地域社会の一員として地域社会に参画しようという思いをもつことができるようにする。

2 学習材の吟味

　コロナ禍で制限がかかる中でも、総合的な学習の時間を探究的に展開し、主体的・対話的で深い学びを実現するために学習材の吟味を行いました。特に「身近な人と日常的にくり返し関われること」「個人でも試行錯誤し、追究できること」を大切にしました。

3 学習材に浸る

　「畳職人のYさん」から学ぶ場を多く設定したり、「い草」に触れる時間を保障したりすることで、学習材に浸り、心を寄せ、実感を伴った学びができるようにしました。

10月	11月	12月	1月	2月	3月
小単元3（23時間）			小単元4（12時間）		
い草でつくろう			い草の魅力を通して、 みんなとつながって笑顔になろう		
【課題の設定】 ・もらった方が笑顔になる「い草グッズ」をつくる。 【情報の収集】 ・世の中にある「い草グッズ」を調べ、繰り返し編み、自分たちでつくれる「い草グッズ」の種類を増やす。 【整理・分析】 ・夢に設定した「笑顔」について具体化し、数ある「い草グッズ」の中から何をつくり渡すか選択する。 ⇨P.115 クローズアップ45分！ 【まとめ・表現】 ・地域の方々と挨拶や世間話ができる「顔見知りの関係」になるために、編む技術を高めてもらった人が笑顔になれるような、自分たちでつくれる最高の一品を渡す計画を立てる。			【課題の設定】 ・い草の魅力を通して、みんなとつながって笑顔になる。 【情報の収集】 ・い草グッズを渡してつながりたい相手にインタビューしたり、調べたりする。 【整理・分析】 ・何を渡せば、つながりができるかを話し合い、相手に合った「い草グッズ」を選択する。 【まとめ・表現】 ・い草グッズを渡した方々からいただいた感想を共有し、自分たちの夢が実現できたのかという視点で、1年間の活動を振り返る。		

2．単元の流れ

1 総合を立ち上げよう

　　総合の立ち上げは、「実現したい夢」の設定から始めました。話し合いの結果、「まちの方々を笑顔にしよう」という夢が設定されました。新型コロナウイルス感染症の影響で、大勢での見学や取材のような、例年行ってきた活動に制限がかかります。しかし、学区にある「ひと、もの、こと」を学習材にすれば、グループで見学したり学校に来ていただいて取材したりするなど、まちの人と繰り返し関わることができると考え、子供たちと4回まち調べに出かけました。結果を共有すると、学区にある「畳店」と「ガラス工房」に関心をもっていることが分かりました。また、子供たちの話し合いの前に教材研究をしました。

畳職人のYさんの存在

　　Yさんが営まれている畳店は学校の近くにあり、授業中に班別で訪問することや放課後の訪問が可能であり、繰り返し関わっていただくことができることから、協力をお願いしました。また、畳職人としての思いやこだわりをもたれており、その生き様を学ぶことができると考えました。

「い草」に決定する

　　い草は、場所を選ばず、手で編んで様々なグッズをつくれるので、試行錯誤を繰り返すことができます。また、1人で編むこともできるので個人での探究もできることが分かりました。

　　学習材を決定する話し合いでは、ある子供の「総合の学習は、よりよくするために繰り返し工夫したり、改善したりすることが大切だと思う」という発言をきっかけに、専門の設備がなくても教室や畳店で好きな時に活動できるというメリットが決め手となり、学習材は「い草」に決定しました。

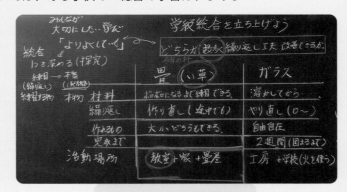

学習材を決定した時の板書

2 い草の魅力を見つけよう

　子供たちの「Ｙさんに会いたい」という思いの高まりに合わせて畳店にうかがい、畳づくりにかける思いやい草の魅力を教えていただきました。子供たちはＹさんの話を納得した表情で聞いていました。「たしかに、い草を編んでいる時はいつもより集中している」と、い草とたっぷりと関わってきたからこそ言える実感の伴った感想も聞くことができました。

　「い草ならいつでもあげるから、放課後もおいで」という、ありがたい言葉もいただき、子供たちの気持ちが盛り上がった時、ある子供が「い草の編み方も教えていただけますか」と質問をしました。すると、子供たちにとって想定外の答えが返ってきました。「い草は子供には編めないよ」という言葉です。自分たちなりに編めるようになったと感じていた子供たちにはショックな言葉でした。

3 い草でつくろう

　しかし、子供たちの深い学びは、ここからスタートしました。この日以降、学校生活でい草に触らない日はありませんでした。い草を編む技術は、日に日に向上していきました。

before　　　　　　　　　　　after

　上手に編めるようになっていく子供たちをＹさんも「すごいなぁ。ちゃんと編めているよ！」と認めてくださるようになりました。また、何度も店を訪問する中で、Ｙさんがこれまでにつくってきた畳のことや今取り組まれている仕事について語ってくださるようになりました。

　このＹさんの畳づくりに感銘を受けた後、子供たちは、大きなゴザを編もうとしたり、Ｙさんから教わった「少し水分を含ませると強くなる」という知識を活用して湿らせながら編んだり、柔軟性を生かして三つ編みをして籠をつくったりしました。Ｙさんと繰り返し関わり、い草に多く触れることで、学びを深めることができたと考えられます。

第2章

4　い草の魅力を通して、みんなとつながる

「自分たちでつくれる最高の一品を渡したい」「い草グッズを渡すことで挨拶や世間話ができる顔見知りの関係になりたい」と夢を具体化した子供たちは、い草グッズを渡す対象を「小学校生活を支えてくれた方々」に決定し、い草の魅力や特徴を生かし、渡す方に合ったグッズをつくりました。

本をたくさん読む、PTAの方々には集中力が高まるい草の香りがする「しおり」

学援隊の方々には、お茶をゆっくり飲んでほしいという思いと撥水性を生かした「コースター」

5　実践を終えて

い草グッズを渡すことができた子供たちの表情はとても充実していました。感謝の言葉を直接、またはお手紙でいただくなど、うれしい反応が多くありました。最後に1年間の活動を振り返り、子供たちが学んできたことを共有しました。

《子供の振り返り》
　い草と触れ合っていくうちにい草に新しい魅力が発見できた。もっと興味をもつようになりました。Yさんと交流することでい草の意外な魅力を知った、いい学びができた。

《い草に興味がなく名前すら知らなかった子供の振り返り》
　今年の学習を通して、まちの人と関わるということがどれだけ楽しいことか改めて知ることができました。
　まだ、い草グッズを渡しただけだから、世間話ができる関係をつくっていけるようにまちの方との関係を深めていきたい。

活動の姿だけではなく、振り返りからも子供たちが学びを深めていったことを見取ることができました。卒業式の前日にはYさんがサプライズで来校してくださり「卒業式には出られないけど」　と子供たちが渡した「い草グッズ」の写真を1人1枚プレゼントしてくださいました。身近な人との関わりにこだわったからこそ、Yさんやまちの方々との関係性を高めていけたのだと感じました。

どうすれば、何をつくるかを 決められるのか？ （小単元3 12時間目）

世の中にある「い草グッズ」を調べる活動をすると黒板を埋め尽くすほどの種類があることが分かり、「たくさんありすぎて、何をつくるか決められない」という課題が生まれました。

Yさんは「編めない」って言っていたから編まないでつくれるものにしたほうがよいのかな。

【編まないでつくる】【できる編み方でつくる】【編む技術を高める】の視点でしぼったほうがいいんじゃないかな。

> 相手意識と関連させている発言

人にあげるものだから質が大切。Yさんのゴザを切って、編まないでつくるほうがよいと思う。

> 総合的な学習の時間の本来の目的と関連させている発言

みんなで繰り返し試行錯誤できるから「い草」を選んだんだから、編む技術を高めようよ。

> 「相手意識」と「目的」を具体的に「笑顔」というキーワードでつないだ発言

質も大切だと思うけど、気持ちが大切だと思う。だから、笑顔になってもらえる、自分たちでつくれる最高の一品を渡したい。

みんなが考える「笑顔」とは、どんな状態なのかな。

話し合いでは相手意識と関連させている意見や「みんなで繰り返し試行錯誤できるから『い草』を選んだのだから、編む技術を高めよう」と総合的な学習の時間の本来の目的と関連させる発言が続きました。さらに、「相手意識」と「目的」を実現したい夢である「笑顔」というキーワードでつなげる発言もありました。そこで、「みんなが考える『笑顔』とは」と発問しました。子供たちは、まちの方々とのつながりについて深く考え、話し合いを続け「い草グッズを渡すことで挨拶や世間話ができる顔見知りの関係になりたい」と実現したい夢を具体化することができました。

第2章

マンホール プロジェクト

足の下からこんにちは!!

1．単元の構想

1 単元目標

たくさんの人に相模原市のよさを知ってほしいという思いの実現に向けて、相模原市の特産や有名な場所、行事などの情報を集めたり、相模原市のよさを取り入れたマンホールのふたのデザインを考え、そのマンホールデザインを広めたりする活動を通して、相模原市をよりよくしようと支えている人がいることを知り、地域の一員として、地

年間計画	4月	5月	6月・7月	8月・9月
	小単元1（12時間）		小単元2（22時間）	
	私たちが住む相模原市の知名度や幸福度を調べよう！		マンホールデザインには、相模原市のどんな魅力を取り入れたらよいだろうか？	
	【導入】 ・知名度・幸福度ランキングを通して、自分たちが住む地域に興味・関心をもたせる。 【課題の設定】 ・自分たちの地域をさらに輝かせるために、自分たちにできることを考えよう。 【情報の収集】 ・知名度や幸福度を上げるために、市はどんなことに取り組んでいるのか資料やネットで調べる。 【整理・分析】 ・調べた取組を基に、「知名度の向上」「幸福度の向上」「地域を輝かせる」の3つの視点で分析する。 【まとめ・表現】 ・目的に合う活動を決め、およその見通しをもつ。		【課題の設定】 ・マンホールの役割について調べる。 ・相模原市の魅力を集める。 【情報の収集】 ・下水道経営課の方の話を聞く。 ・相模原市や他県他市のデザインを調べる。 ・相模原市の魅力を集める。 【整理・分析】 ・話を聞き、分かったことを整理する。 ・相模原市と他県他市のデザインを比較する。 【まとめ・表現】 ・マンホールの役割についてまとめる。 ・個人のデザインシートを完成させる。 【情報の収集】 ・付箋を活用し、互いのデザインを見合う。 【整理・分析】 ・「いいな！」と思うデザインの共通点を整理し、描き手の思いがより伝わる表現の仕方について分析する。 【まとめ・表現】 ・グループのデザインシートを完成させる。	

域のために、自分にできることは何か考え、行動しようとすることができるようにする。

2 目的に合った活動を自分たちで決めていく

　単元の入り口で「相模原市の知名度と幸福度」についてのランキングを提示し、相模原市の現状から自分たちの住む相模大野を輝かせるためにできることは何かを考えることから始めました。教師から与えられる課題ではなく、自分たちで見つけた課題からスタートして、自分事として活動することができるように設定しました。

3 34人で1つのマンホールデザインを考える

　表面的なものの見方ではなく、1つの事象に対して多面的・多角的なものの見方・考え方ができるようになってほしいと考えました。そこで、本単元では「自分たちの住む地域」の魅力を広めたいという願いから、1枚のマンホールのデザインを考える活動を通して、様々な視点から地域の魅力について情報を集める必要性やそれを仲間とともに協働的に繰り返し分析・表現することを経験できるような単元計画を立てました。

10月	11月	12月	1月	2月	3月
小単元3（15時間）		小単元4（8時間）	小単元5（13時間）		
個人→グループ→クラスとつながってきたデザイン。その先へ！		でき上がったマンホールは南区のどこに置くか？	完成したマンホールをたくさんの人に伝えたい！		
【課題の設定】 ・伝えたいことを、より伝わりやすくするために、デザインで工夫できることを考える。 【情報の収集】 ・下水道経営課の方にデザインをプレゼンし、アドバイスをもらう。 【整理・分析】 ・アドバイスを基にデザインを3つにまとめる。 【情報の収集】 ・校内アンケートをとり、客観的な感想を集める。 【整理・分析】 ・客観的な感想を整理・分析し、3つのデザインを1つにまとめる。 ⇨P.122 クローズアップ45分！ 【まとめ・表現】 ・下水道経営課の方に最終デザインと込めた思いを伝える。		【課題の設定】 ・マンホールを置く場所の候補を考える。 【情報の収集】 ・下水道経営課の方から、置く場所の条件を教えてもらう。 ・汚水マンホールの位置を調べ、その中で、安全な歩道の場所を調査する。 【整理・分析】 ・置く場所の条件と実際に調べた情報を関連付けながら、より条件に合う場所について考える。 【まとめ・表現】 ・調べた方法や自分たちが選んだ置く場所の候補を、下水道経営課の方に伝える。	【課題の設定】 ・多くの人に完成したマンホールや相模原市の魅力を伝える方法を考え、計画・実行する。 【情報の収集】 ・どのような伝え方があるのかを調べる。 ・学習を振り返り、伝えたいことを洗い出す。 【整理・分析】 ・各グループで伝えたいことを整理し、適した伝え方について考え、チラシ・掲示物・マンホールカード・スライドなどを制作する。 【まとめ・表現】 ・区長や市役所の方を招いて、「マンホールお披露目会・設置式」を開催する。 ・チラシや掲示物を通して、地域の人にこれまでの学習やデザインについて伝える。 ・設置後アンケートをとり、協力してくれた方にオリジナルマンホールカードを渡す。		

２．単元の流れ

1　私たちが住む**相模原市の知名度や幸福度**を調べよう！

相模原市の順位は高いのだろうか？

5　地域と
つながる

　「知名度・幸福度ランキング」では様々なサイトで、相模原市の順位が半分より下であることが分かりました。この結果を参考に「自分たちが住む地域をさらに輝かせたい！」と子供たちは願いをもちました。そして、相模原市の魅力を複数入れることができ、たくさんの人に見てもらえる「マンホールデザイン」に取り組むことに決まりました。

もし、幸福度・知名度ランキングがあったら、相模原市は何位だと思う？

半分よりは
上だと思うな！

政令指定都市の中で
幸福度ランキングは17／20位だ！

予想より低いね！
魅力が伝わっていないのかな？

2　マンホールデザインには、
　　相模原市のどんな魅力を取り入れたらよいだろうか？

マンホールについて話を聞こう！

5　地域と
つながる

　相模原市下水道経営課の方に来校していただき、下水道の役割やマンホールについて話を聞きました。また、本物のマンホールを見たり触ったりすることで、予想より重く大きいことや、相模原市にあるマンホールデザインのレプリカから、地域特有の魅力が入っていることに気付きました。そして、「自分たちが考えたデザインを実際にマンホールにしたい」ことを下水道課の方に伝えると、「いっしょに考えていこう！」と返事をもらい、マンホールプロジェクトがスタートしました。

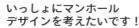
いっしょにマンホール
デザインを考えたいです！

自分たちがつくるマンホールには、
まだ取り入れられていない相模原市
の魅力を入れたい！

やってみよう！

相模原市と他県他市のマンホールについて調べよう！

相模原市や他県・他市のマンホールデザインを調べると、置かれている地域の魅力や名物、県の花や観光名所、特産品、イベント、スポーツチームなど様々なジャンルが取り入れられていることが見えてきました。

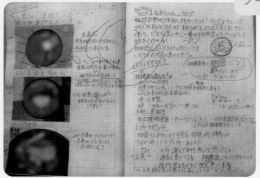
Hさんの
ノート

相模原市の魅力を調べよう！

相模原市は3つの区に分かれています。それらの区ごとに魅力集めをし、整理していきました。情報が多く集まったのは子供たちが住む南区でした。そこで、目的である「自分たちの住む地域を輝かせる」に立ち返り、はじめは「地域＝相模原市」としていたところを「地域＝南区」に設定し直し、自分たちが住む地域の魅力を取り入れ、市内外の人によさを伝えたいという思いを高めました。また、これまでに調べたり、話し合ったりしたことを基に、デザインの条件を①南区の魅力を入れる ②魅力の数は複数 ③テーマと由来を設定する、と決めました。

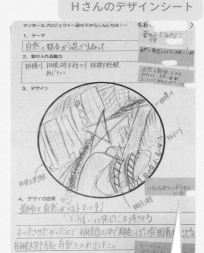
Hさんのデザインシート

いいね！→ピンクの付箋
アドバイス→黄色の付箋

マンホールデザインを考えよう！

「34人全員で1つのマンホールデザインを考える」ために、①個人②グループ③全員、という流れで考えていくことにしました。はじめに、1人1つ自分が考えるデザインを描き、互いに見合いました。「いいな！」と思うデザインは、魅力をどのように工夫して表現しているか、整理しました。ポイントとして、メインは大きく・色使い・背景などが挙がり、「描き手の伝えたいことが、相手に伝わって、さらに印象に残ることが大切！」と結論付けました。

いいな！ と思うデザインはどんな工夫をしているのかな？

メインが1つだけ大きくて分かりやすい！

明るい色使いで目にとまる！

○さんのは、背景に南区の地形を入れていて面白いなぁ！

第2章

3　個人→グループ→クラスと　　つながってきたデザイン。その先へ！

下水道経営課Wさんの思いを聞く

　下水道経営課の方に、グループごとに考えたデザインや由来をプレゼンしました。Wさんから「インパクトがあって面白い。けどね、将来10年後もそこにあり続けるマンホールだからこそ、地域の人に大切に、そして愛されるマンホールとなってほしいんだ」という言葉を受け、目的である「地域を知ってもらう」ことと同時に「地域の人が誇りをもてる」ことも大切であることに気付きました。Wさんの話を踏まえて、校内の児童にアンケートをとり、さらに改良を重ねていきました。

リモートプレゼン

《アンケート項目》
①見た人の記憶に残る
②大切にしてもらえる
③地域の人に愛される
　デザインになっているか。

①Fさんのデザイン

②Fさんチームのデザイン

③クラス最終デザイン

《Fさんの振り返り》

　地域の人に寄り添ってその気持ちや考えを取り入れる力が大切だと思います。私たちだけの考えだったらただの自己満足になってしまうからです。そのための方法としては、アンケートを取ったり地域の人にインタビューをしたりすることが必要です。あとは自分だったらどうなのか？と客観的に見る姿勢をとることで自己満足ではなく、地域を輝かせることができるのだと思います。

　普段は控えめなFさん。自分のデザインを友達から認められ、自分たちの思いが伝わったことがアンケート結果で分かったことから自信を付け、その後の活動では、クラスの中心となりデザインをデジタル化したり地域を輝かせることの本質に迫ったりする姿が見られました。

4 でき上がったマンホールは南区のどこに置くか？

置く場所の候補を考えよう！

5 地域とつながる

「マンホールを置く位置ってルールがあるのかな？」という疑問から、下水道経営課の方に置く場所の条件を教えてもらいました。さらに子供たちは「人通りが多い」という条件を加え、置く場所の候補をいくつか下水道経営課に提案しました。

5 完成したマンホールをたくさんの人に伝えたい！

お披露目会・設置式をしよう！

7 未来とつながる

子供たちから「完成したことをたくさんの人に伝える必要がある！」との言葉が出て、お披露目会・設置式の計画、準備が始まりました。チームごとに「○日までに△をする」とゴールまでの見通しをもち、進めていきました。

当日は、これまでの学びをスライドにまとめ、来校した南区長に発表しました。振り返りでは、「本当にマンホールを設置できてうれしい」「これからも地域の魅力を広めていきたい」と考える姿が見られました。

設置式の様子

インタビュー

お披露目会の様子

ICTの活用

①アンケートの作成
②児童によるデザインのデジタル化
③オリジナルマンホールカード＆チラシ
　の作成
④DOORの開設
　（オンライン上で学びをまとめたもの）

DOOR

チラシ

第2章

121

クローズアップ **45**分

集めた情報の**分析結果**を**基**に、
1つのデザインにしよう。（小単元3 12時間目）

A

B

C

8つのデザインを3つにまとめた子供たち。その後、校内アンケートの結果から、1つのデザインにするために話し合いました。

分析結果をグループで話し合う

アンケート結果の数値は、全部、Aが高いね！

コメントを見ると市の花があじさいって伝わっているみたいだね。

Bは作成者の名前を入れたから、愛される度が高いのかな？

数値で比べたり、コメントのプラス面とマイナス面を関連付けたりしながら分析して、どうやって1つにしていくかを考え始めました。

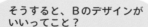
AとCは工夫した足のデザインが、校内の見た人からは、あまりよい反応ではないみたいだね。

そうすると、Bのデザインがいいってこと？

「でいだらぼっち」の足あとを知らないと、「これなんだろう？」ってなるのかも。

うーん、プラスのコメントも多いし、よいのかも。

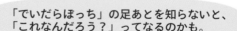
でもさ、マイナスコメントが多くても、でいだらぼっちの足あとを知らない人がいるなら、デザインに入れたほうがいいと思う。そしたら、相模原市の魅力を知ってもらえるし、私たちの目的にもつながるよね。

アンケートの結果だけで決めていいのかな。

この話し合いを通して子供たちは、相手意識をもち「取り入れるべき相模原市の魅力」を改めて吟味していきました。はじめはアンケート結果に合わせてデザインを改良していく意見が出ましたが、教師の問い返しから、次第に「客観的な意見と自分たちの目的」を関連付けながら考え、多面的・多角的な見方・考え方でデザインを考えていく姿が見られました。そして「Bに＋αしていけばいい」という意見につなげ、＋αをA・Cのデザインのどの部分にするかの話し合いに進んでいきました。

協力者とのWIN−WIN−WINな関係

1．WIN−WIN−WINの関係とは

　生活科・総合的な学習の時間で大切なことの１つは、外部協力者と「やってよかった」とお互いに思える関係を築くことでしょう。そのような関係がどのように生まれるのかを考えてみます。

　協力者の方は、学習に協力する何らかの動機をもっています。それを「子供に○○してもらいたい（知ってもらいたい）」という文にしてみます。一方、教師も「□□の力を身に付けてもらいたい」というねらいをもっています。しかし、これがすべてではありません。子供も「△△したい」という目的をもっています。ですから、最高の状態は、３者の思いが結び付いた関係にあることです。単元を計画する時、子供・教師・協力者それぞれの思いや願いを捉えることで、理想的なWIN−WIN−WINな関係が築けているかがはっきりします。

WIN−WIN−WINな関係

2．5年総合「米づくり」の学習を考える

　ここで、５年生の総合の学習として、「米づくり」を例に３者の関係を考えてみます。地域の農家の方は、地域の文化や伝統を引き継いでもらうために、子供に「お米づくりを体験してもらいたい」と願っています（右表参照）。一方、子供たちにとって将来の選択は少し遠い話です。この段階での目的は、つくったお米を「食べたい」「売りたい」という素朴なものでしょう。では教師はどうでしょうか。職業体験としての学習は難しくとも、「地域の人々の思いに気付いてほしい」という方向なら、協力者と子供の思いを矛盾させずに単元をデザインできます。

協力者（例）	思い・願い
地域の農家	お米づくりを体験してもらいたい。
地域の店舗	自分たちのお店を知ってもらいたい。
公民館	地域の公共施設を知ってもらいたい。
老人会	いっしょに楽しい時間を過ごしてもらいたい。

協力者の思いや願い（例）

　このねらいに基づき、単元の活動を設定します。おいしいお米づくりの秘訣を尋ねたり、地域のお米の魅力をたくさんの人に食べて知ってもらうなどのことが考えられます。もちろん、教師のねらいを最初に考えることもあります。３者のWIN−WIN−WINの関係を意識して単元を構想することは、子供の学習への意欲を引き出し、その学びを最大化することにつながります。

「想定外」が生み出すダイナミズム

1. 学習における「想定外」

　生活科・総合的な学習の時間では子供たちは多くの「想定外」に遭遇します。この「想定外」を乗り越えようとする時、子供たちの思考は活性化し、探究に深まりが生まれます。「想定外」には2種類あります。教師も含めた「想定外」と、子供にとっての「想定外」です。前者は教師も想定していなかった本当の「想定外」であり、これが頻発すると、授業や単元の軸がぶれていってしまうこともあります。後者は教師が先の展開を見通した「想定外」です。

2. 子供にとっての「想定外」で探究を深める

　思考ツール「チャート」を用いた単元想定マップを紹介します。はじめに、一番左に総合で扱いたい学習材を想定します。右に行くごとに起こりうる問題や原因を具体化していきます。例えば、野菜の芽が出なかった時、教師に何の想定もなければ「失敗だ」と考えてしまいますが、原因を想定しておくことで、教師は適切な支援やしかけができ、子供たちの豊かな発想を生かしたダイナミックな活動にもつながっていきます。

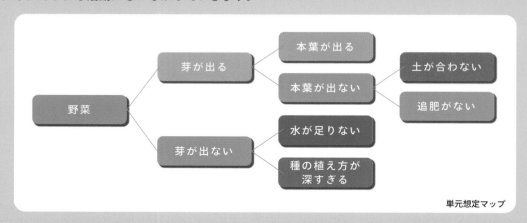

単元想定マップ

3. それでも生まれる教師も含めた「想定外」

　どれだけ事前に教師が想定していても、教師も含めた「想定外」は生まれます。しかし、その時こそあらゆる可能性を子供たちと考え、突破していくチャンスです。想定外を突破することで子供たちは「自分たちで切り拓く」意識が高まり、探究は教師の想定を超えたダイナミズムを発揮しながら、さらに加速していくのです。

困った時には

1．何をするのか困った時

　生活科・総合的な学習の時間では何をしたらよいのか困ることがあります。そんな時にどうしたらよいのでしょうか。今回は2つの方法を紹介します。

①学習材が決まっている場合

　まずは、学習材を徹底的に教材分析することが大切です。学習材の社会的な課題、展開できる活動内容などを洗い出すことでゴールの姿が見えたり、子供の気付きやつまずきを事前に想定できたりします。ウェビングマップ（P.81参照）を活用すると洗い出しがしやすいです。

　また、「子供たちのゴールの姿をイメージする」ことも大切です。3つの視点からイメージしてみましょう。

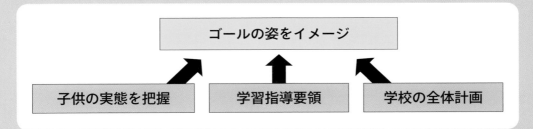

②学習材が決まっていない場合

　地域にはその地域の学習材があります。まずは、地域の特色を調べてみたり実際に地域を歩いて回ってみたりすると、すてきな学習材が見つかるかもしれません。

2．進め方に困った時

　授業を進めていくうちに「単元計画と違う進み方になっている」「子供たちがあまり乗り気でない」と悩むことがあります。そんな時の3つのポイントを紹介します。

①子供の願いを聞いてみよう

②単元計画を見直そう

③小さなことでも相談しよう

　この3つのポイントを意識してみましょう。特に「③小さなことでも相談しよう」が重要です。基本的には学年の教師に聞いてみましょう。小さなことでも聞くことが大切です。その他に管理職や協力者に相談することもよいでしょう。

子供は様々なものと「つながり合いながら」成長する

「つながり」という視点をもつ

　令和5年（2023年）2月現在、同5年6月17日・18日に日本生活科・総合的学習教育学会の第32回全国大会を神奈川大会として相模原市で開催します。

　日本生活科・総合的学習教育学会神奈川支部は、平成13年（2001年）に第10回大会を開催しました。その後、年2回（9月と1月）の神奈川支部大会を継続的に開催し現在に至っています。第32回大会に向け、実行委員会組織が早い段階で発足できたのもこのような取組があったからです。

　実行委員会の取組の1つとして、この書籍を出版することとしました。

　第1章においては次の「10のつながり」について述べています。

①子供の学びがつながる　　②子供と子供の学びがつながる

③資質・能力がつながる　　④教科の学びがつながる

⑤地域とつながる　　　　　⑥社会とつながる

⑦未来とつながる　　　　　⑧幼保小中高の学びがつながる

⑨自分の心とつながる　　　⑩私たちがつながる

　以上の「つながる」視点だけではなく他にも「つながり」は考えられます。「つながる」という視点をもって物事を見直したり、考えたりすることは重要です。

日本生活科・総合的学習教育学会
第32回全国大会・神奈川大会 会長

吉田 豊香

「10のつながり」は授業のねらいにつながる

　また、「10のつながり」は「育成を目指す資質・能力の3つの柱」
と関連していると考えられます。

　3つの柱は中央教育審議会答申（平成28年12月）には、

○何を理解しているか、何ができるか

（生きて働く「知識・技能」の習得）

○理解していること・できることをどう使うか

（未知の状況にも対応できる「思考力・判断力・表現力等」の育成）

○どのように社会・世界と関わり、よりよい人生を送るか

（学びを人生や社会に生かそうとする「学びに向かう力・人間性等」
の涵養）

　と、示されています。

　これらの資質・能力を育成することは、授業の大きなねらいです。
知識を相互に関連付けたり、多様な考え方を結び付け問題を解決し
たり、社会や自然との関わりの中で学ぶことの喜びを感じたりする
学習は、「つながり合いながら」成立すると考えます。

　神奈川大会実行委員会 は、この思いを念頭に取り組んでいます。
そして、この書籍が多くの方々と「つながる」きっかけになること
を願っています。

監修

田村 学 たむら まなぶ
國學院大學教授。元文部科学省視学官。1962年、新潟県生まれ。新潟県の小学校教諭、指導主事などを経て、文部科学省調査官（生活科・総合的な学習の時間）を務める。2015年より同省視学官となり、現行学習指導要領の改訂に尽力。告示後の2017年4月より現職。

齋藤 博伸 さいとう ひろのぶ
文部科学省教科調査官（生活科・総合的な学習の時間・総合的な探究の時間）。1974年、埼玉県生まれ。埼玉県内の小学校教諭、主幹教諭、副校長、教育センター主幹を経て2021年4月より現職。

編著

日本生活科・総合的学習教育学会
第32回全国大会・神奈川大会実行委員会

横浜市立初音が丘小学校 教諭
相澤 仁哉

逗子市立小坪小学校 総括教諭
會田 まどか

平塚市立港小学校 総括教諭
荒 久美子

相模原市立双葉小学校 指導教諭
荒木 昭人

相模原市立富士見小学校 教諭
荒木 真人

相模原市立富士見小学校 教諭
石井 美里

横浜市立矢向小学校 主幹教諭
伊藤 義将

相模原市立新磯小学校 教諭
稲谷 直也

相模原市立田名北小学校 総括教諭
遠П 清志

相模原市立田名北小学校 教諭
大西 恵美

相模原市立田名北小学校 教諭
大廣 誠

川崎市立大島小学校 教諭
小野 友香理

相模原市立光が丘小学校 教諭
小野 怜

相模原市立青和学園 副校長
川邉 亮子

相模原市立麻溝小学校 教諭
木村 名月代

相模原市立内出中学校 教諭
小森 恵

相模原市立大島小学校 教諭
佐藤 岬貴

相模原市立大野台小学校 総括教諭
篠原 紘子

海老名市立大谷小学校 教頭
島仲 京子

相模原市立富士見小学校 指導教諭
鈴木 真樹

相模原市立田名北小学校 教諭
髙橋 優太

横浜市立大鳥小学校 主幹教諭
玉虫 麻衣子

相模原市立田名北小学校 教諭
寺﨑 百香

平塚市立山下小学校 教諭
土井 明日香

神奈川県教育委員会教育局インクルーシブ教育推進課 指導主事
二宮 雄治

相模原市立谷口台小学校 教諭
畑野 有香

相模原市立大野小学校 教諭
羽生 大輔

平塚市立松原小学校 教諭
原藤 澄枝

相模原市立横山小学校 教諭
蛭田 慶太

横浜市立大岡小学校 教諭
増井 雅子

相模原市立田名北小学校 教諭
松田 葵和子

相模原市立南大野小学校 教諭
水野 岳人

秦野市立上小学校 総括教諭
南 正敏

秦野市立渋沢小学校 総括教諭
南 利枝

相模原市立内郷小学校 教諭
村松 麻里子

相模原市立淵野辺東小学校 教諭
安田 冬佳

相模原市立夢の丘小学校 教諭
山岸 美穂

横浜市立戸部小学校 教諭
吉川 理子

相模原市立双葉小学校 教諭
吉冨 翔太

横須賀市立大津小学校 教諭
若林 啓之

（50音順）
※2023年1月時点の所属です。

探究的な学びを実現する
「生活・総合」の新しい授業づくり
2023年4月23日　初版第1刷発行

著　　　者………… 田村 学・齋藤 博伸／監修
日本生活科・総合的学習教育学会
第32回全国大会・神奈川大会実行委員会／編著
デザイン………… 荻野 琴美（オーデザインチャンネルズ）
イラスト………… 髙橋 正輝
校　　　正………… 麦秋アートセンター
DTP制作………… 昭和ブライト
編集協力………… 浅原 孝子
編　　　集………… 小林 尚代

発 行 人………… 杉本 隆
発 行 所………… 株式会社小学館
〒101-8001東京都千代田区一ツ橋2-3-1
電　　話………… 編集03-3230-5549
販売03-5281-3555
印 刷 所………… 萩原印刷株式会社
製 本 所………… 牧製本印刷株式会社

※造本には十分注意しておりますが、印刷、製本など製造上の不備がございましたら「制作局コールセンター」（フリーダイヤル0120-336-340）にご連絡ください（電話受付は、土・日・祝休日を除く9：30〜17：30）。

※本書の無断での複写（コピー）、上演、放送等の二次利用、翻案等は、著作権法上の例外を除き禁じられています。本書の電子データ化などの無断複製は著作権法上の例外を除き禁じられています。代行業者等の第三者による本書の電子的複製も認められておりません。

© 小学館2023　Printed in Japan ISBN978-4-09-840225-0